①	1	①
②	1	2
① (↑)	1	↑
① (↓)	↑	↓

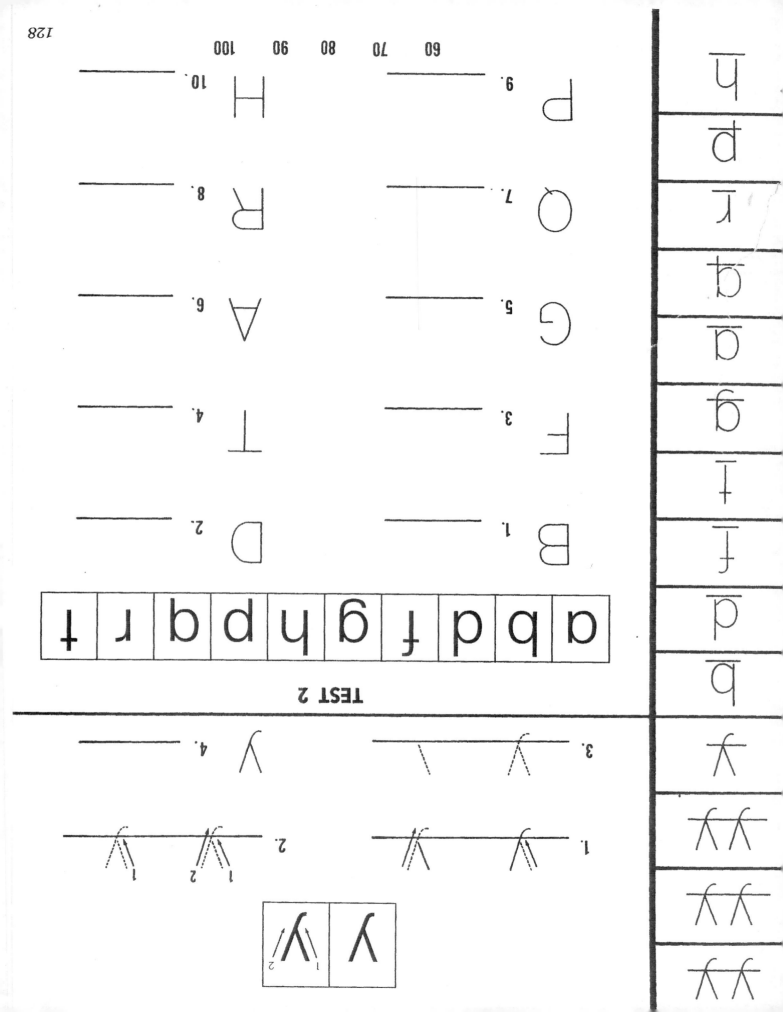

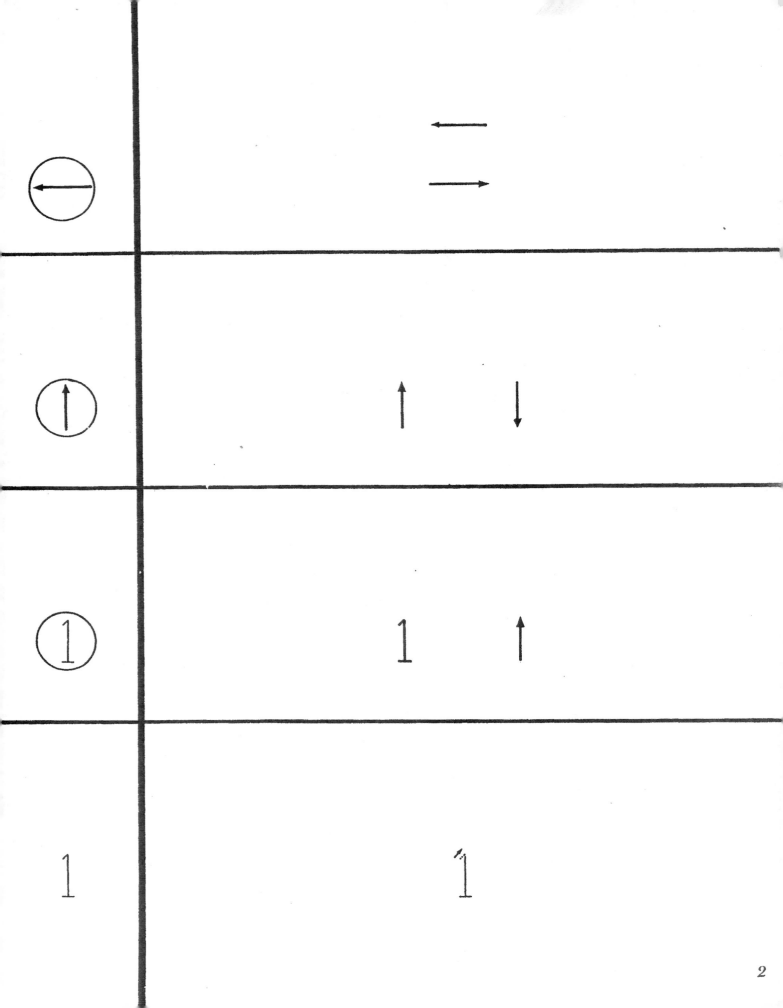

2

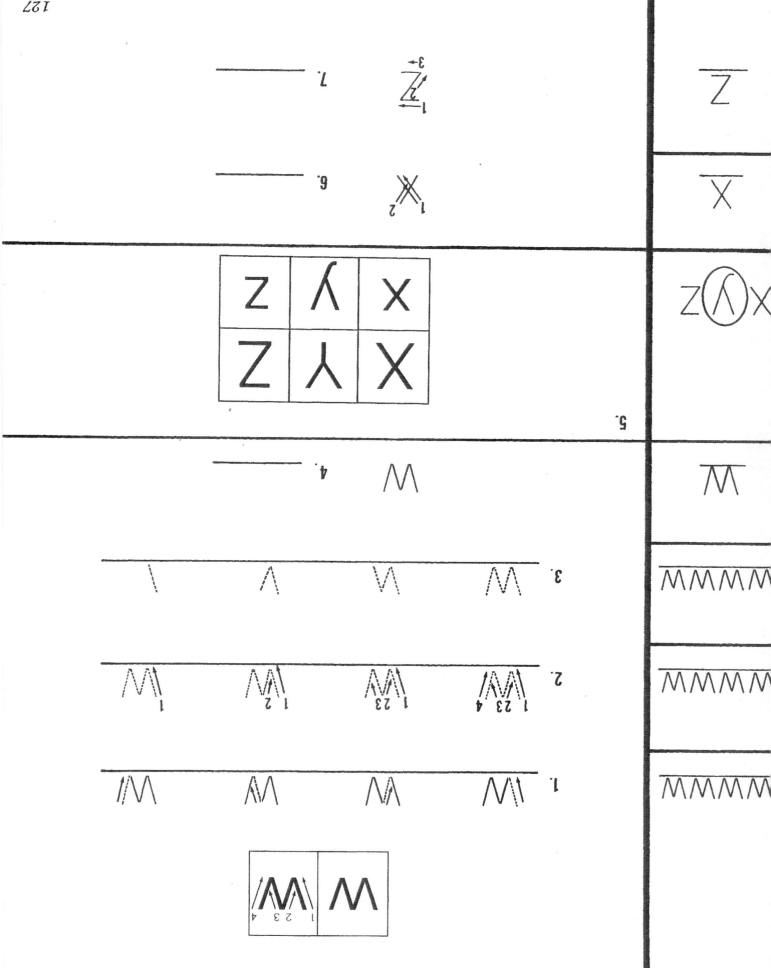

1

1

1

1 1 1

1

1

1 1

1 1

1

3

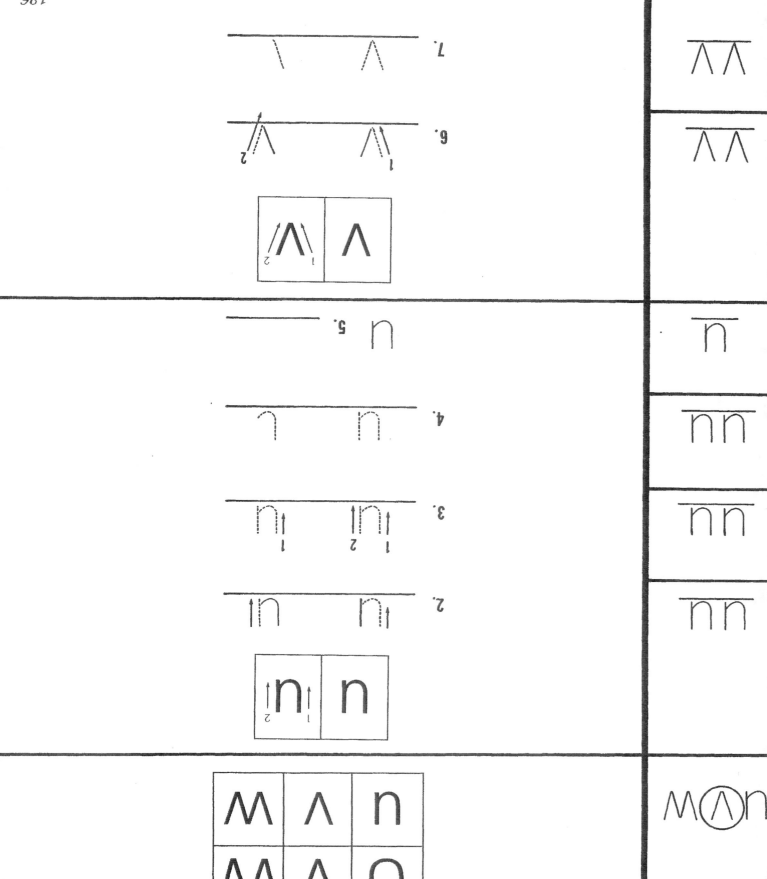

② | 1 2

2 | 2

2 | 2

222 | 2 2 2 2

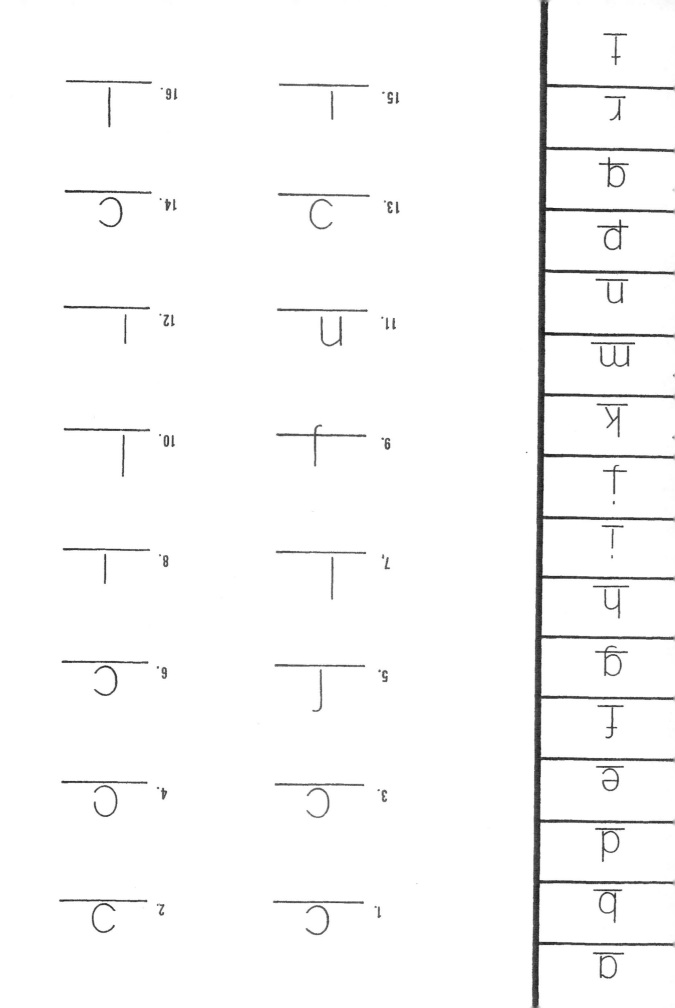

③	1　　2　　3
3	3
3	3
3333	3　3　3　3　3

5

an

nap

eat

got

hat

rap

met

let

on

end

1.
an
on

2.
map
nap

3.
eat
fat

4.
got
jot

5.
bat
hat

6.
rap
nap

7.
met
net

8.
let
bet

9.
an
on
in

10.
end
and

1　2　3　4

4　　　　　　4

4　　　　　　4

4　　　　　　4

1. P ___
2. Q ___
3. R ___
4. T ___
5. N ___
6. M ___
7. S ___
8. O ___

m	n	o	p	q	r	s	t

b	d	p	t	n	m	s	o

$\underline{444}$

$\frac{1}{2}\overset{3}{4}$ 4   L   /

②   2   3

①   1   4

③   1   2   3   4

1. L — l   h

2. M — u   m

3. N — u   r

4. P — d   p

5. Q — b   g

6. R — h   r

7. I — i   i

8. T — f   f

(circled) t (!) r b d n m l

(5)

1   2   3   4   5

5   5

5   5

5   5

1.

2.

3.

4.

5.

6.

7.

8.

9.

555

5 5 5 ____

⑥   1   2   3   4   5   6

6   6

6   6

C	K	O	S

1. ___
2. ___
3. ___
4. ___
5. ___
6. ___
7. ___
8. ___

⑤   5   6

⑦   1   2   3   4   5   6   7

7                                  $\overset{1\Longrightarrow}{7}$

7                                  $\overset{1\Longrightarrow}{7}{\scriptstyle 2}$

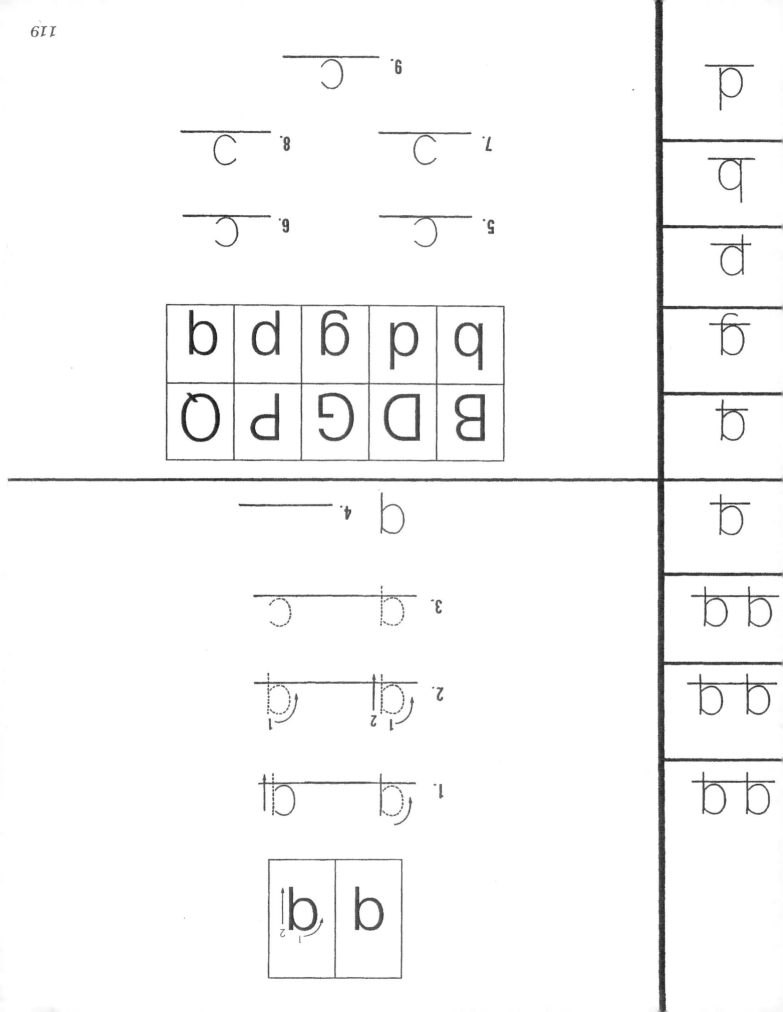

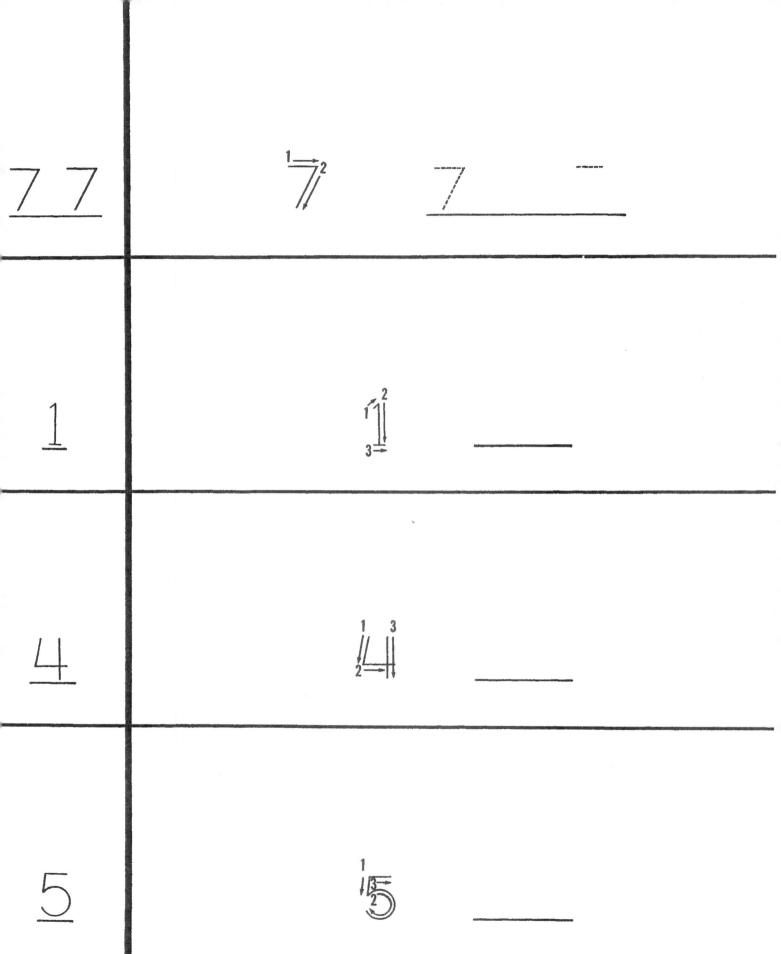

q r (s) t

Q	R	S	T
q	r	s	t

1.

2.

g

q

3.

n

r

(q)

(r)

4.

t

f

5.

q

s

(t)

(s)

f (g) h

6. <u>abcdefghijklmnopqrs</u>

p (q) r

7. <u>abcdefghijklmnopqrs</u>

m (n) o

8. <u>abcdefghijklmnopqrs</u>

q (r) s

9. <u>abcdefghijklmnopqrs</u>

2③4567   1   2   3   4   5   6   7

234⑤67   1   2   3   4   5   6   7

23④567   1   2   3   4   5   6   7

2345⑥7   1   2   3   4   5   6   7

8. N ___
7. M ___
6. P ___
5. O ___

m	n	o	p

4. H ___
3. L ___
2. K ___
1. J ___

i	j	k	l

| n |
| m |
| p |
| o |

| i |
| l |
| k |
| f |

③   1   3

④   2   4

⑤   3   5

⑥   4   6

⑦   5   7

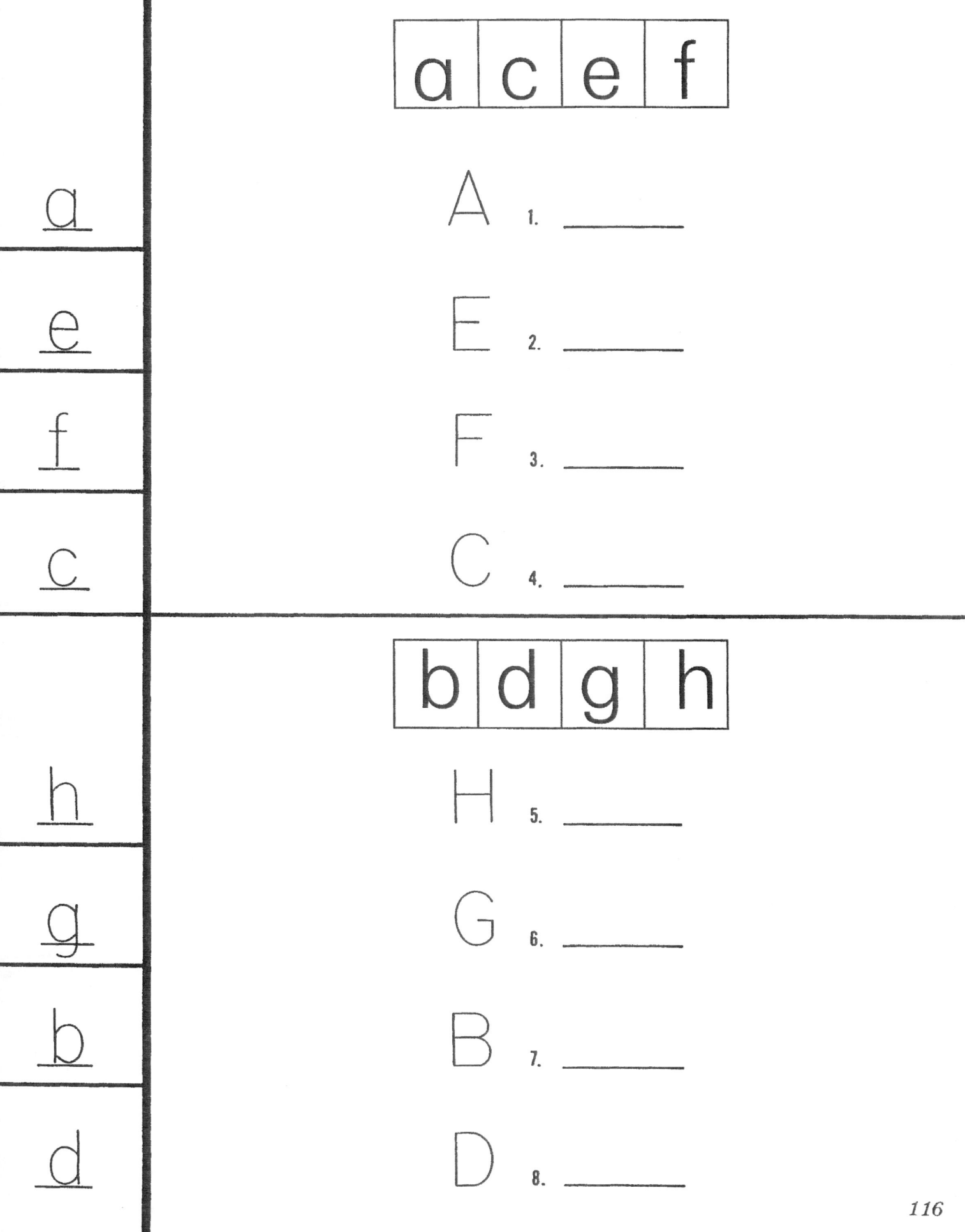

a	c	e	f

A 1. ____

E 2. ____

F 3. ____

C 4. ____

b	d	g	h

H 5. ____

G 6. ____

B 7. ____

D 8. ____

a

e

f

c

h

g

b

d

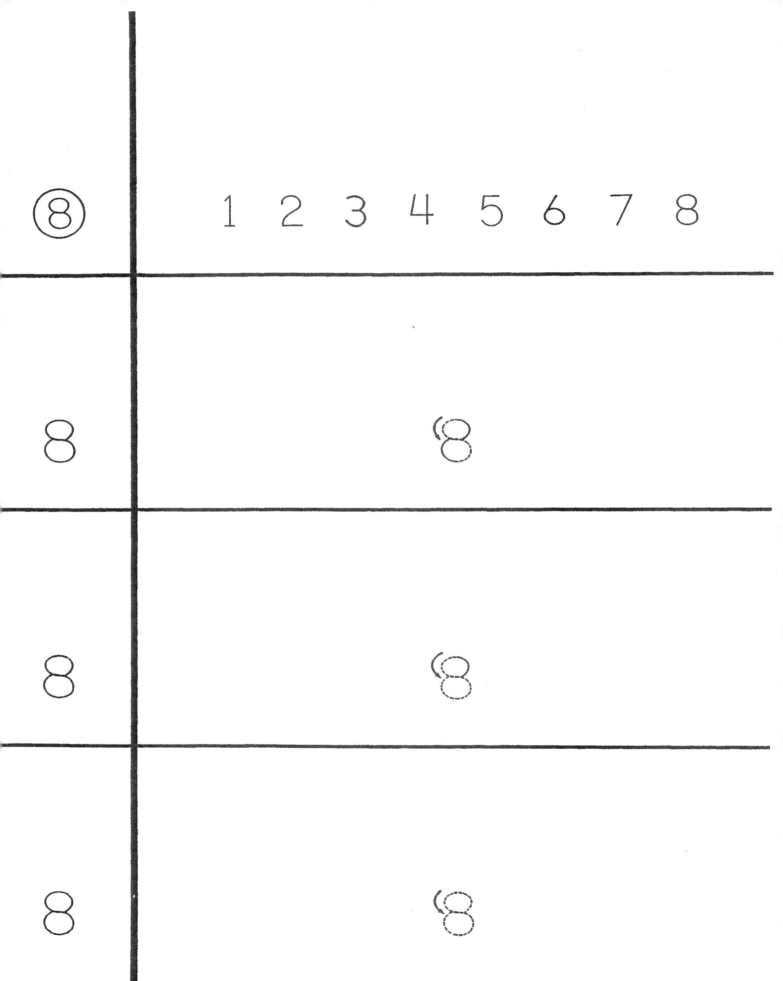

⑧   1   2   3   4   5   6   7   8

8

8

8

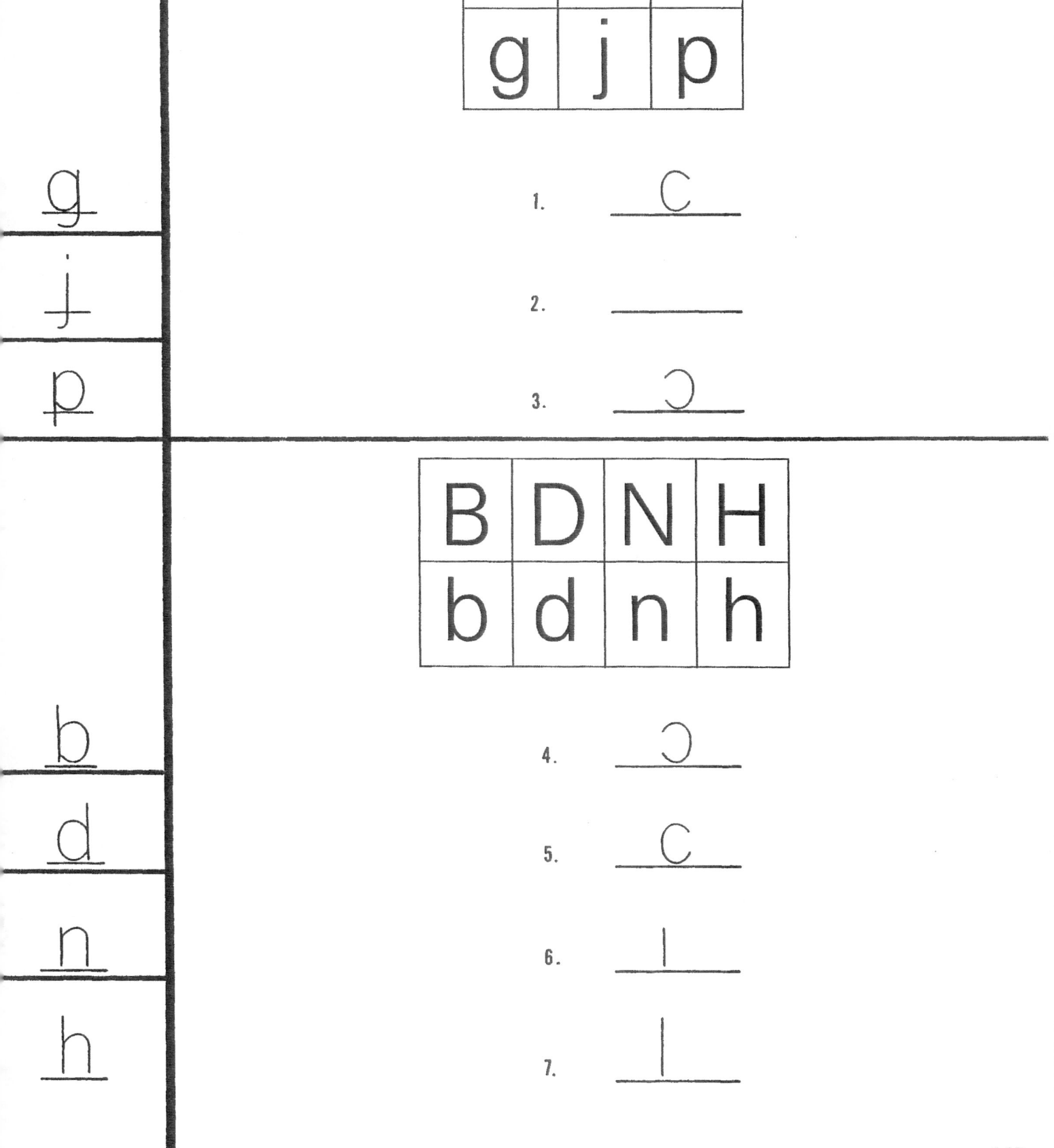

88888 | 8 8 6 S ᵔ ᵔ

3 | 3 ___

2 | 2 ___

⑧ | 6   8

p

pp

pp

pp

8. p —

7. p — c

6. p p

5. p p

p p

4.
b
p

2.
p
g

3.
B
p

1.
G
c

p
p
g
G

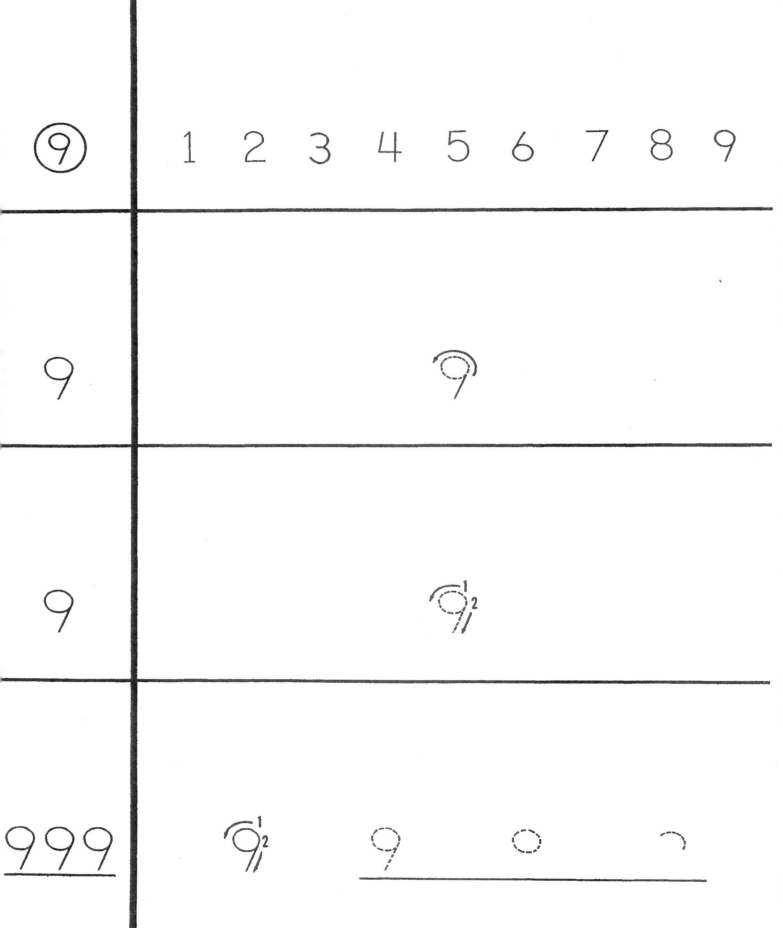

9   1 2 3 4 5 6 7 8 9

999

Ⓜ	**1.** M N	**2.** m n	
ⓜ			
Ⓘ	**3.** I L	**4.** i l	
ⓘ			
Ⓙ	**5.** J T	**6.** j g	
ⓙ			
⫫		**7.** ⫫	
⫧		**8.** ___	
m̲		**9.** n̲	
n̲		**10.** l̲	

1234567890 | 1 2 3 4 5 6 7 8 9 10

(11)   9   11

(10)   11   10

(12)   10   11   12

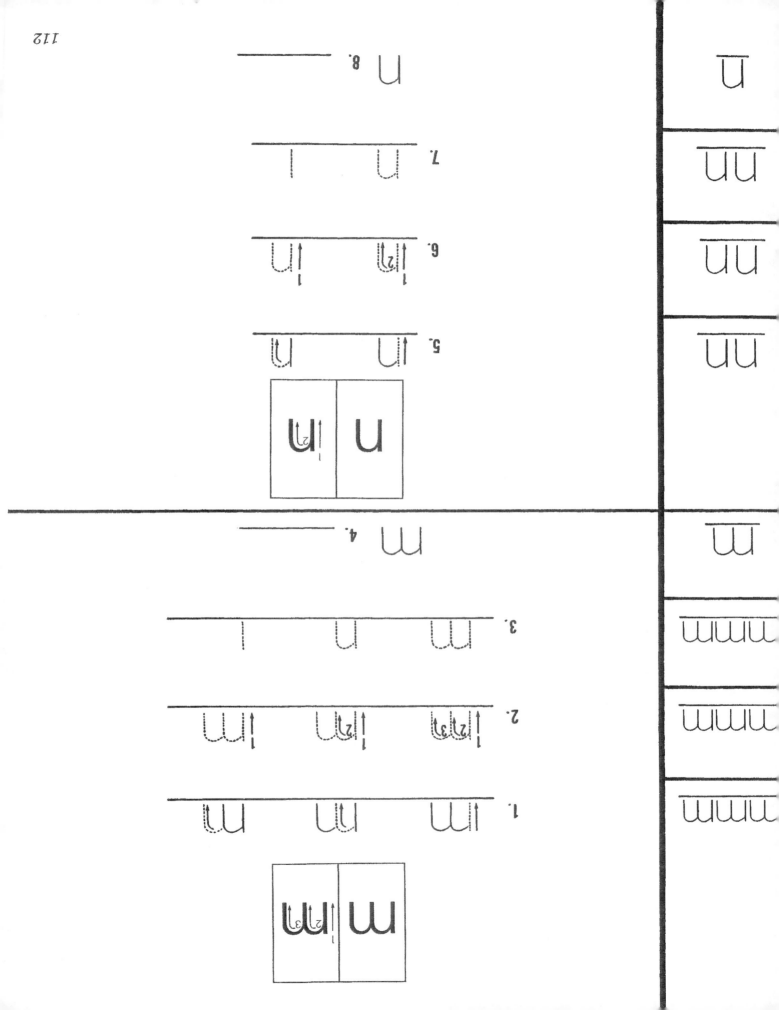

⑪	10	11	12	
⑬	11	12	13	
⑭	10 11	12 13	14	
⑮	13	14	15	

mnop

1.

M	N	O	P
m	n	o	p

2.
m

n

3.
h

n

m

n

p

d

4.
b

p

5.
d

b

C

k

o

C K O

6. _____

7. _____

8. _____

⑩   8   10

⑪   9   11

⑫   10   12

⑬   11   13

1.
2.
3.
4.
5.
6.
7.
8.

i j k l

⑮	14	15	16
⑯		6	16
⑰		7	17
⑰		15	17

(j) (i)	1. **J** g j	2. **I** i j
(l) (k)	3. **L** l i	4. **K** f k
(h) (d)	5. **H** h b	6. **D** d b
(g) (e)	7. **G** c g	8. **E** f e

(18) | 8   18

(19) | 18   19   20

(20) | 2   20

(10) | 10   20

1.

I	J	K	L
i	j	k	l

hij	7. abcdefghijkl
ijk	6. abcdefghijkl
fgh	5. abcdefghijkl
jkl	4. abcdefghijkl
efg	3. abcdefghijkl
jkl	2. abcdefghijkl
ijkl	

(21)   20   21

(23)   22   23   24

(44)   24   34   44

(35)   34   35   36

22

| h | h |

1. h   h
2. h   h
3. h
4. h _____

5. had dad	6. bad dad
7. bag gag	8. gag hag

(gag)

(bag)

(dad)

(had)

h

h h

h h

h h

(45)	35	45	55	
(57)	55	56	57	
(3)	1	2	3	4
(5)	1 2 3 4 5			

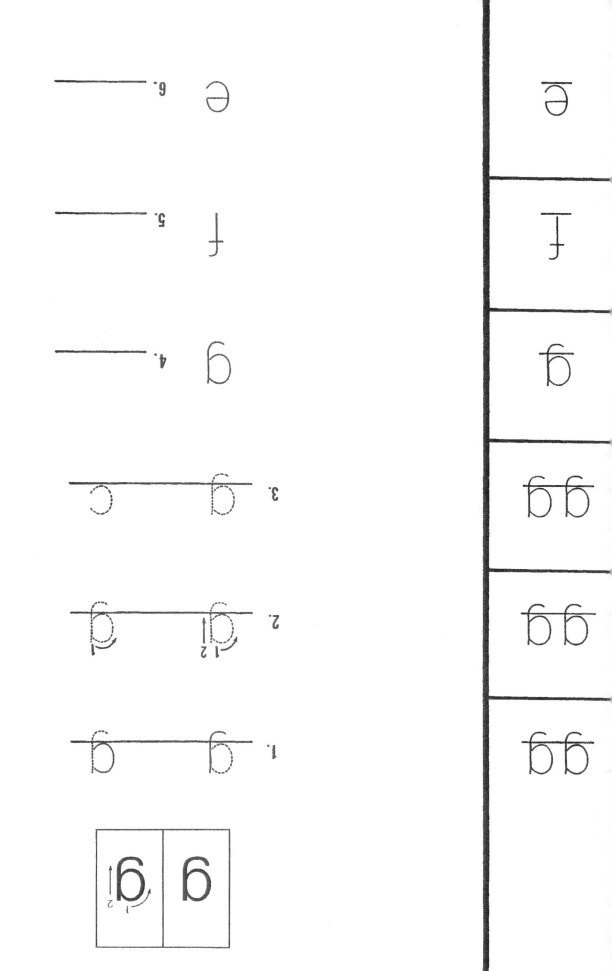

3 | 7 | 6 | 9

1234

4567

5678

78910

1 2   4
_____

4 5   7
_____

5 6   8
_____

7 8   10
_____

24

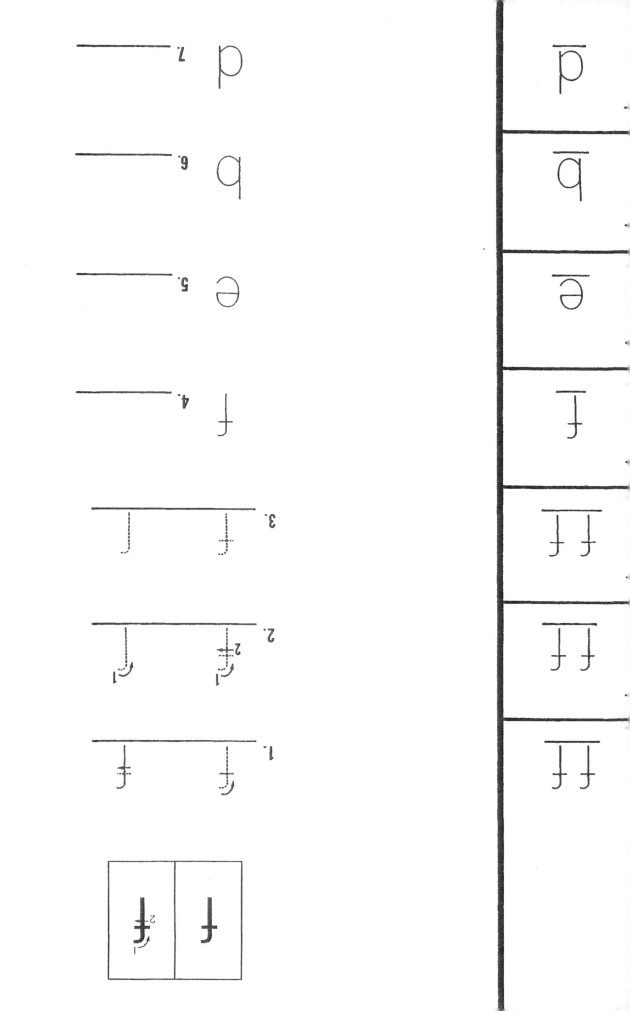

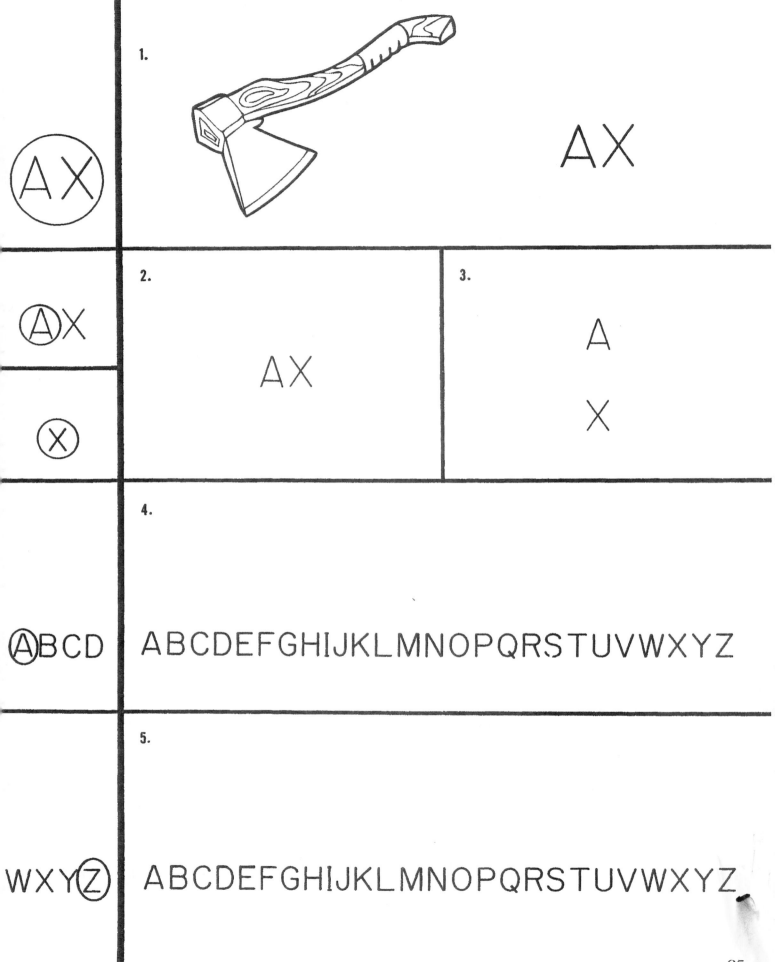

1.

(A X)

AX

2.

(A)X

(X)

AX

3.

A

X

4.

(A)BCD

ABCDEFGHIJKLMNOPQRSTUVWXYZ

5.

WXY(Z)

ABCDEFGHIJKLMNOPQRSTUVWXYZ

6. abcdefg

5. C ____

4. D ____

3. B ____

2. E ____

1. A ____

a	b	c	d	e

---

6. defg

5. c

4. d

3. b

2. e

1. a

(A)BCD	**1.** ABCDEFGHIJKLMNOPQRSTUVWXYZ
(a)bcd	**2.** abcdefghijklmnopqrstuvwxyz

	3.	4.
(a) (Z)	A a	Z z
(X) (X)	**5.** X Z	**6.** X x
(Z) (A)	**7.** A Z	**8.** A a

26

a b c d e

1. C ___
2. C ___
3. C ___
4. C ___
5. ___

6. **E** c e
7. **F** f b
8. **B** b d
9. **G** b g

ⓖ ⓑ ⓕ ⓔ c̄ ē b̄ d̄ ā

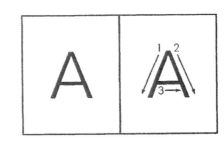

1.

AAA

2.

AAA

3.

AAA

4.

A

1. A ⟋A⟍ A

2. A A A

3. A A /

A **4.** _____

1.

2.

3.

4.

5.

6.

1.

2.

3.

4.

5.

6.

(B)AT

1.

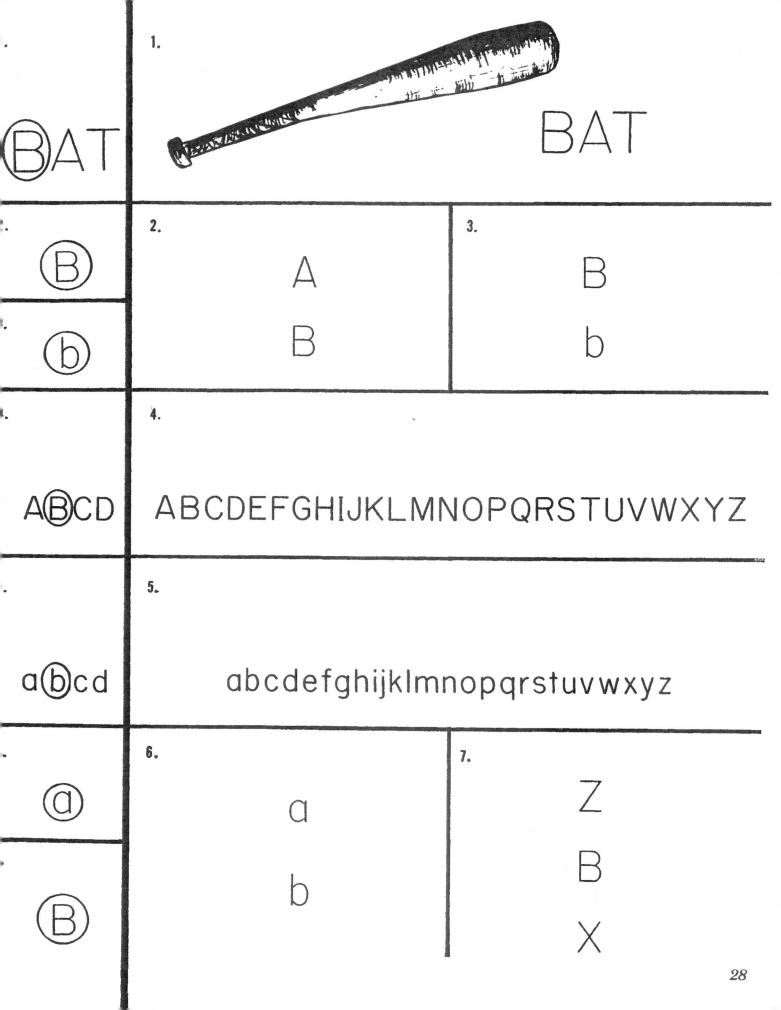

BAT

2.

B

b

3.

B

b

4.

ABCDEFGHIJKLMNOPQRSTUVWXYZ

A(B)CD

5.

a(b)cd

abcdefghijklmnopqrstuvwxyz

6.

(a)

(B)

a

b

7.

Z

B

X

28

1.

e f(g)h

1.

E	F	G	H
e	f	g	h

2.

ⓔ

2. <u>abcdefgh</u>

3.

ⓖ

3. <u>abcdefgh</u>

4.

ⓕ

4. <u>abcdefgh</u>

5.

ⓗ

5. <u>abcdefgh</u>

6.

ⓑ

6. <u>abcdefgh</u>

7.

ⓓ

7. <u>abcdefgh</u>

1.

2.

3.

4.

B

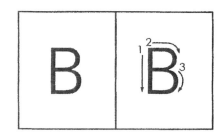

1. |B   B   B

2. |B |B |B

3. B   P |

4. B   _____

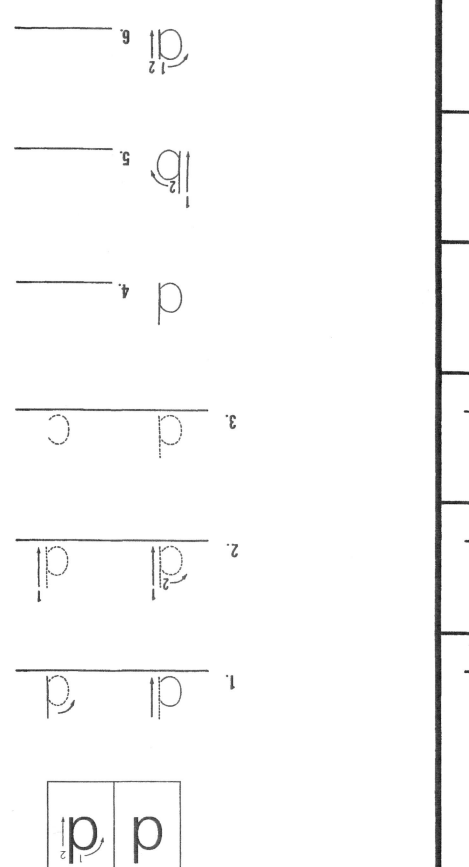

Ⓐ

A̲

B̲

ⒸAT

Ⓒ

Ⓒ

ABⒸD

abⒸd

1.

A

B

2.

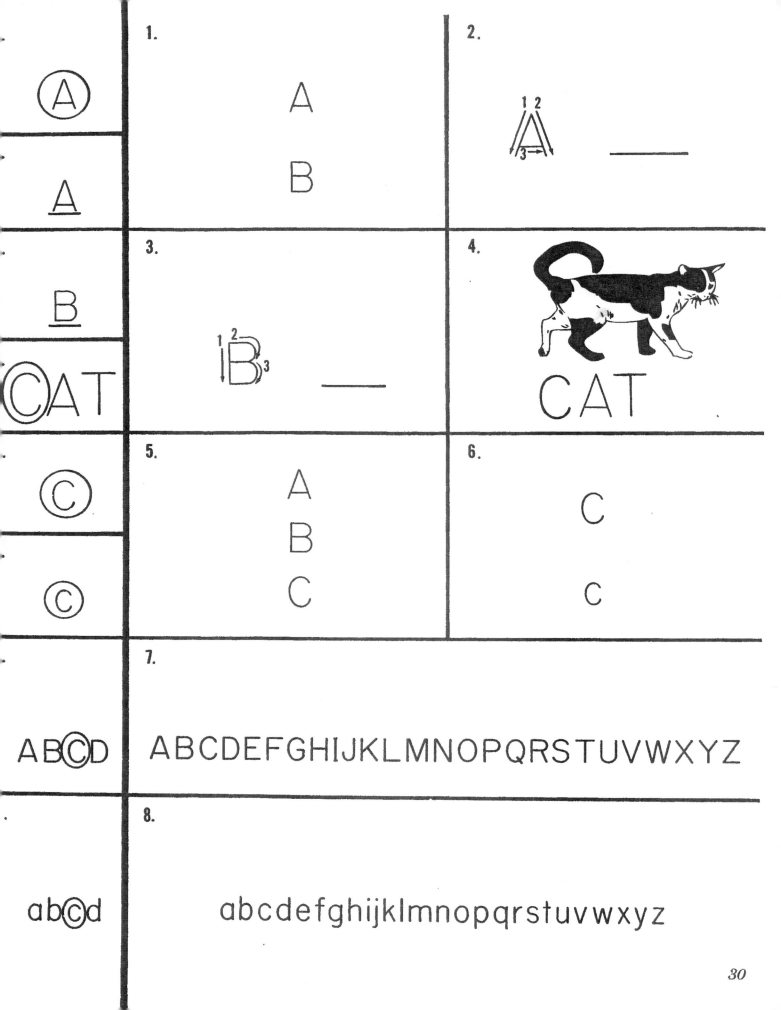

A

___

3.

B

___

4.

CAT

5.

A

B

C

6.

C

C

7.

A B C D E F G H I J K L M N O P Q R S T U V W X Y Z

8.

a b c d e f g h i j k l m n o p q r s t u v w x y z

30

b	b

bb

bb

bb

b

a

c

1. b   b

2. b   b

3. b   c

b 4. _____

a 5. _____   c 6. _____

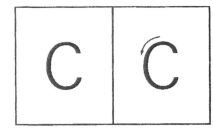

1.

2.

3.

4.

1.

2. _____

3. _____

4. _____

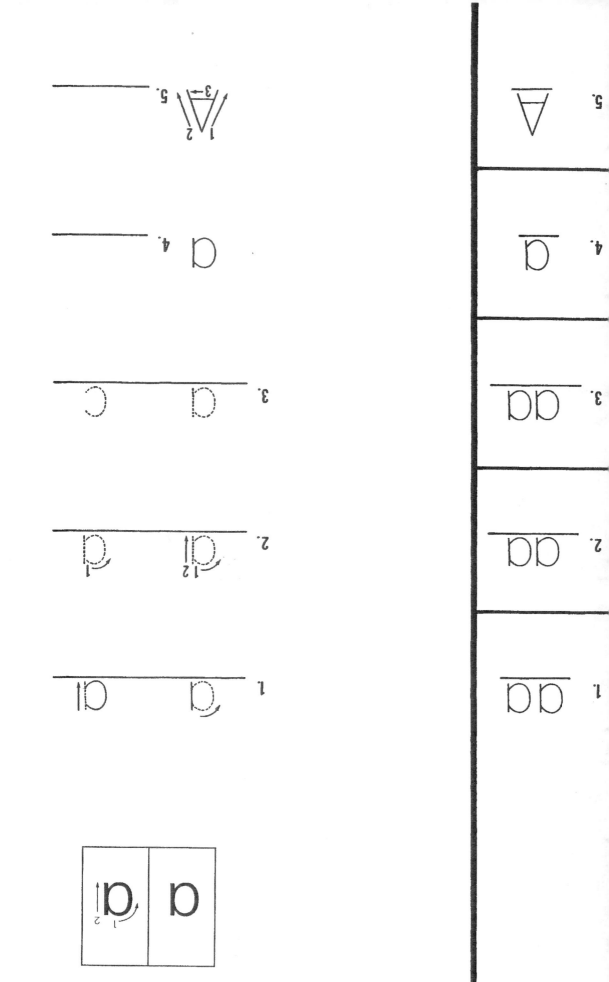

(D)OG

1.

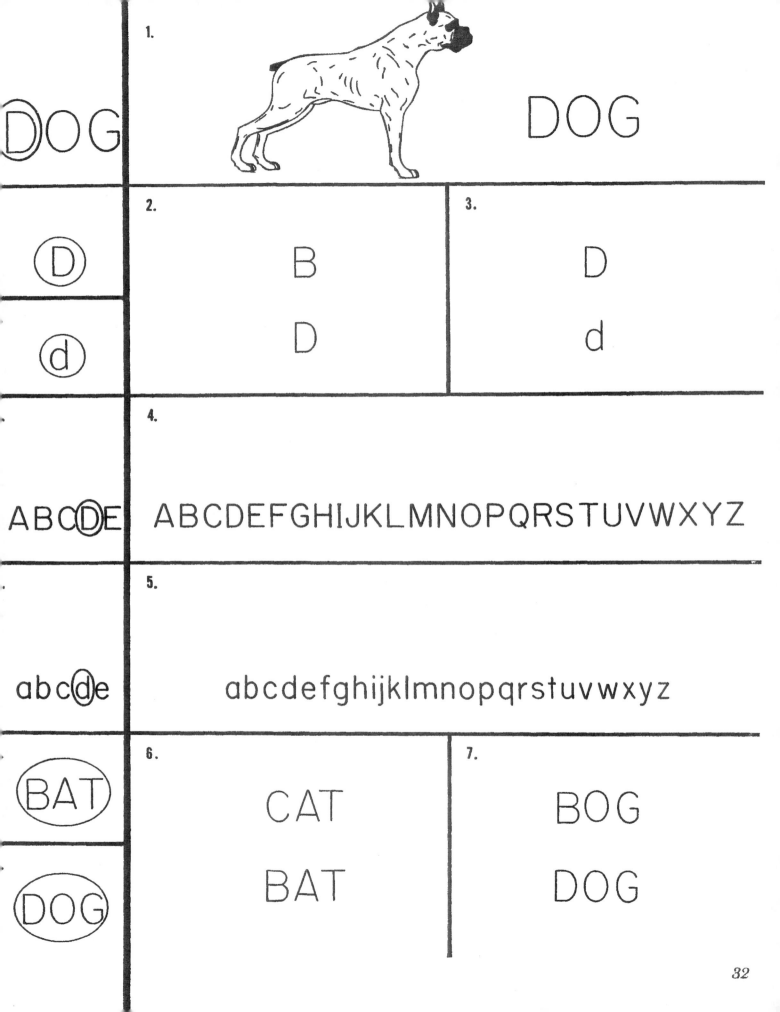

DOG

2.

(D)

(d)

B

D

3.

D

d

4.

ABC(D)E

ABCDEFGHIJKLMNOPQRSTUVWXYZ

5.

abc(d)e

abcdefghijklmnopqrstuvwxyz

6.

(BAT)

(DOG)

CAT

BAT

7.

BOG

DOG

ab©d

1.

A	B	C	D
a	b	c	d

2.

a

c

3.

a

b

ⓐ

ⓑ

4.

b

d

5.

d

D B A

ⓓ

Ⓓ

6.

a

A C B

7.

b

D B A

Ⓐ

Ⓑ

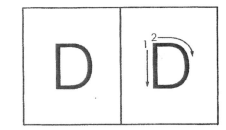

DDD

DDD

D

C

B

A

1.

2.

D 3._____ C 4._____

5._____ 6._____

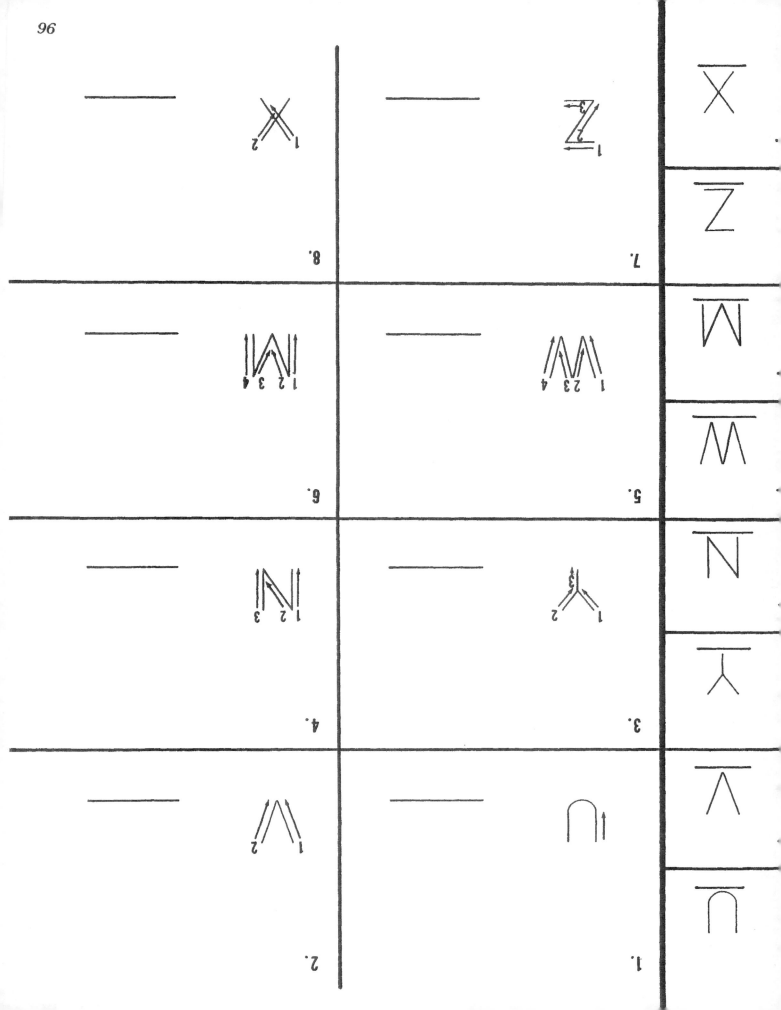

1.

A B C D   A B C D E F G H I J K L M N O P Q R S T U V W X Y Z

2.

EGG

3.

A

E

4.

E

e

5.

c

e

E G G

E

e

C

6.

A B C D E   A B C D E F G H I J K L M N O P Q R S T U V W X Y Z

7.

a b c d e   a b c d e f g h i j k l m n o p q r s t u v w x y z

34

8. F N E	**7.** H A V
6. N Y V	**5.** W N M
4. U W V	**3.** W U V
2. X N S	**1.** N Y X

Circled symbols:

Ⓔ Ⓐ Ⓥ Ⓜ Ⓦ Ⓤ Ⓢ Ⓨ

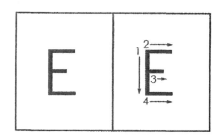

1.

2.

3.

4.

1.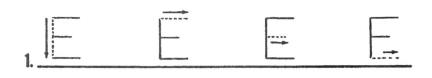

2.

3. E   F   Γ   ⌐

4.   E   ___

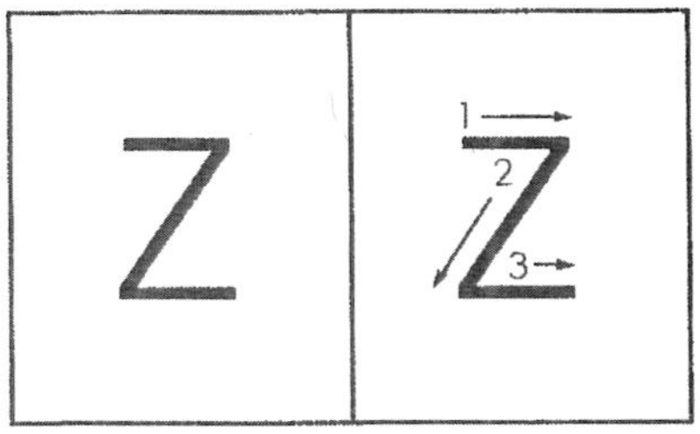

1.

Z Z Z

2.

Z Z Z

3.

Z Z Z

4. Z

5. S

1. Z Z Z

2. Z Z Z

3. Z Z

Z 4. ______ S 5. ______

A	B	C	D	E

D

2. B

3. C

4. A

E

E

1. —

2. P

3. —

4. ∧

5. —

6. —

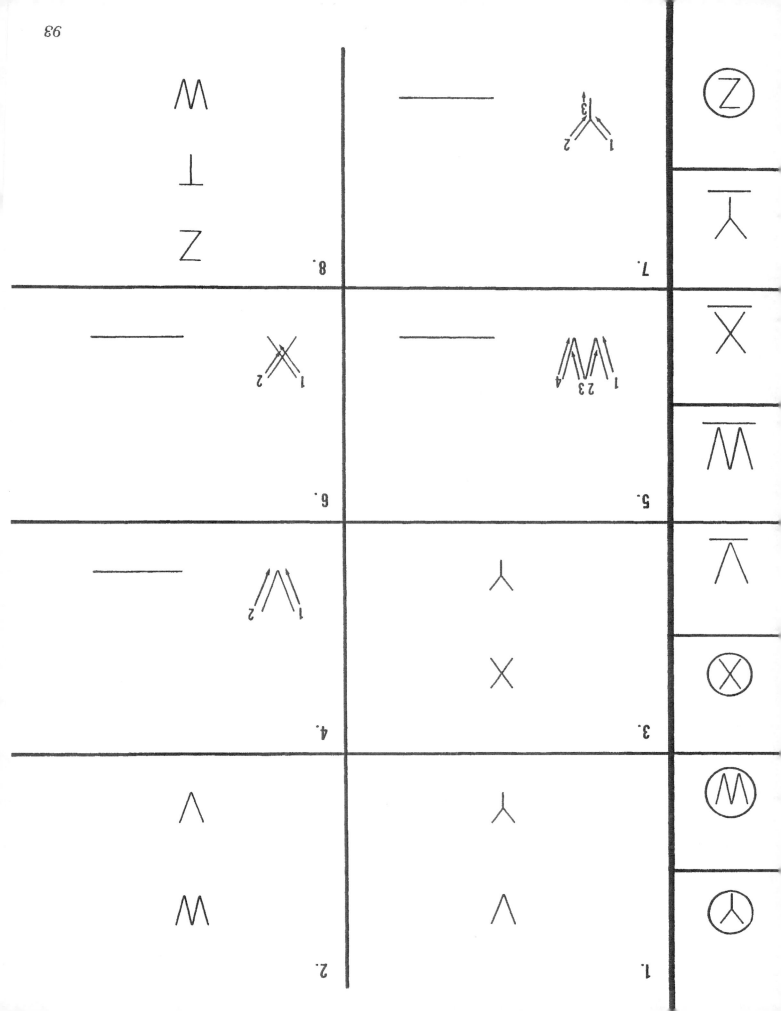

1. (F)AN

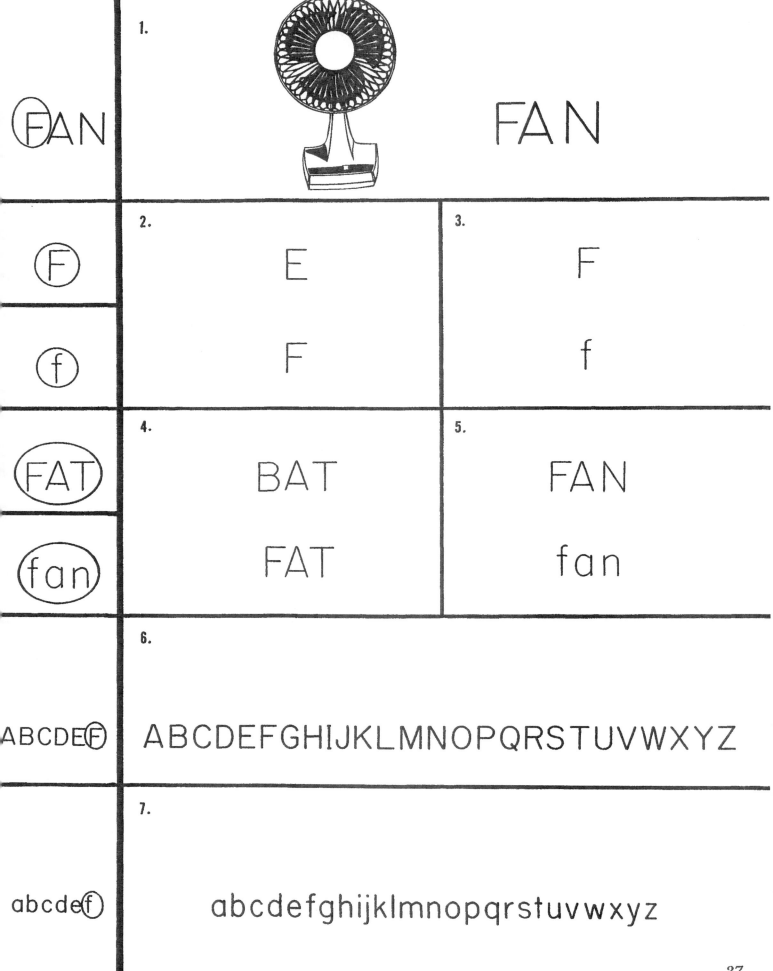

FAN

2. E

F

3. F

f

(F)

(f)

4. BAT

FAT

5. FAN

fan

(FAT)

(fan)

6.

ABCDE(F)   ABCDEFGHIJKLMNOPQRSTUVWXYZ

7.

abcde(f)   abcdefghijklmnopqrstuvwxyz

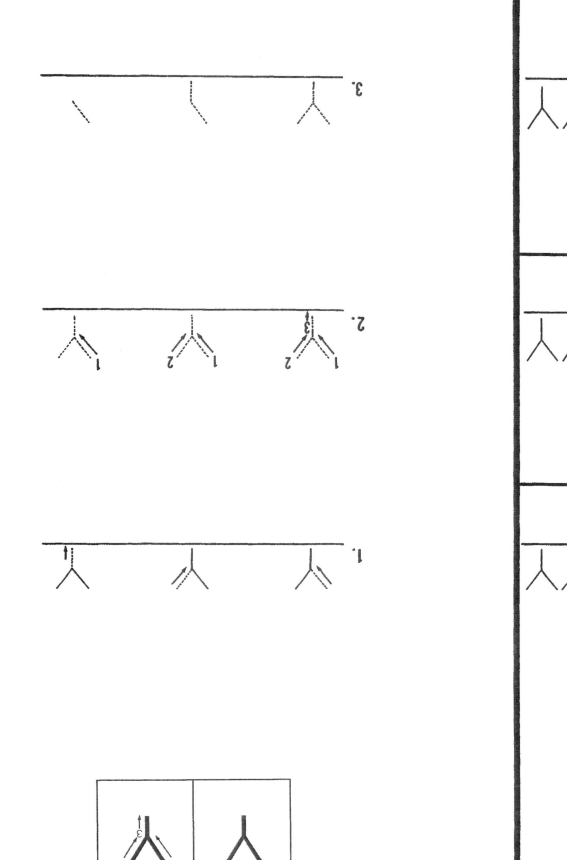

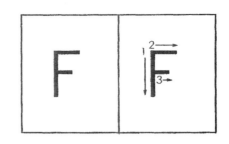

F F F

1.

2.

3.

F F F

F F F

F

4. _____

F

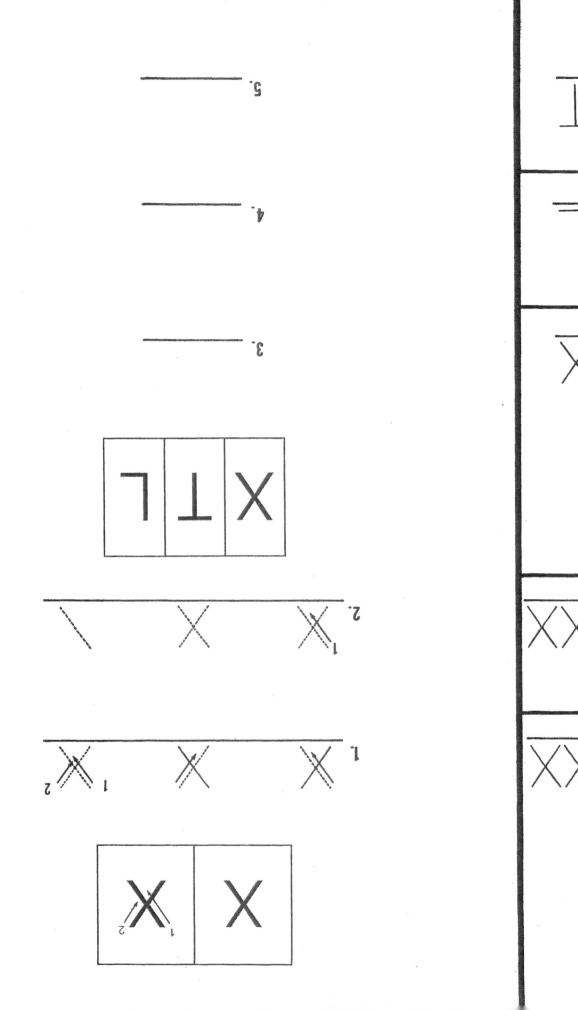

	1.	2.
CAT	BAT	FAT
FAT	CAT	EAT
	3.	4.
DAB	CAB	END
AND	DAB	AND
	5.	6.
E	E	F
E	F	

A	B	C	D

B

A

C

D

7. |⎯⎯⎯⎯

8. /⎯⎯⎯⎯

9. ⎯⎯⎯⎯

10. ⊃⎯⎯⎯⎯

XY(Z)	**1.** X Y Z	
(W)XYZ (circled)	**2.** ABCDEFGHIJKLMNOPQRSTUVWXYZ	
(Y)	**3.** Y W	**4.** X Z
(X)		
(Z)	**5.** W Z	**6.** S X
(X)		
(Z)	**7.** Z Z	**8.** Y y
(y)		
(X)	**9.** X Z	**10.** V Y
(Y)		

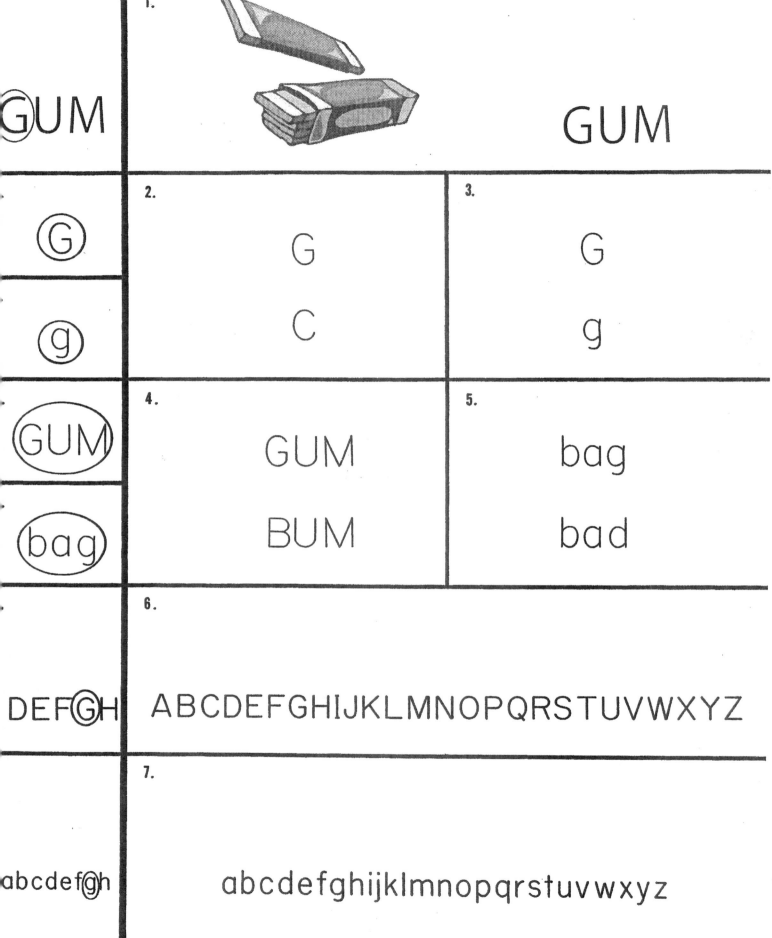

GUM

Ⓖ U M

GUM

1.

Ⓖ

2.
G
C

3.
G
g

ⒼUM

4.
GUM
BUM

5.
bag
bad

bag

6.
DEF Ⓖ H   ABCDEFGHIJKLMNOPQRSTUVWXYZ

7.
abcdef Ⓖ h   abcdefghijklmnopqrstuvwxyz

40

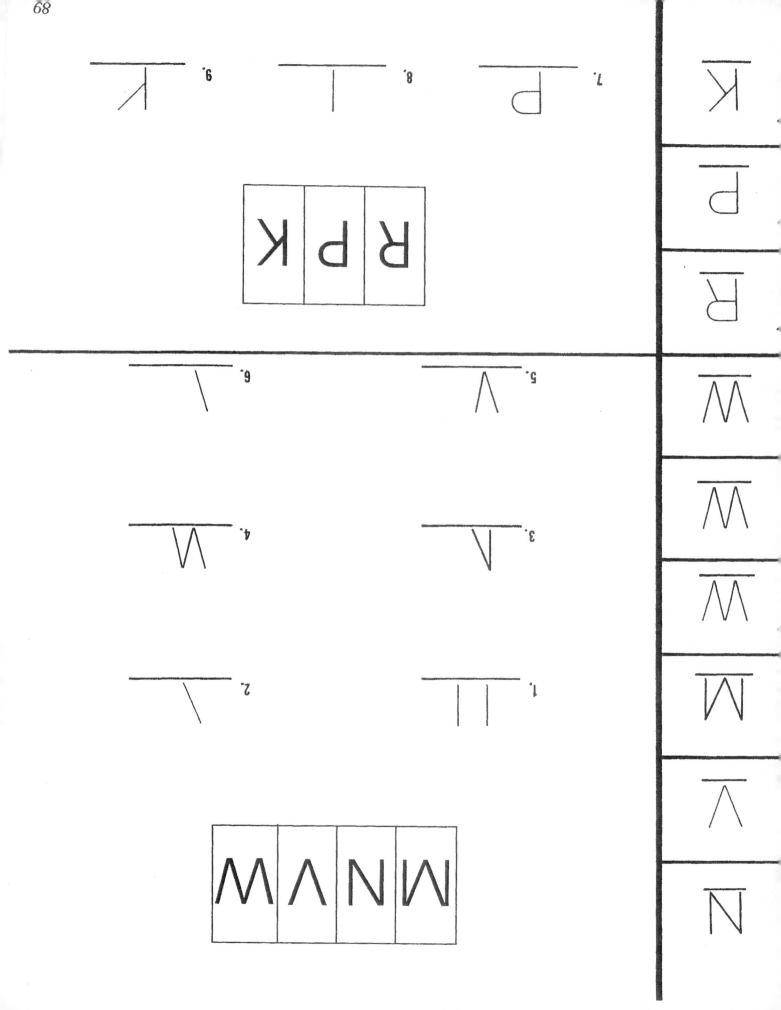

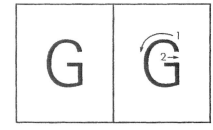

G | G

1. GGG

2. GGG

3. G

4. C

5. D

6. B

1. G   G   G

2. G   G   C

G   3. _____   C   4. _____

D   5. _____   B   6. _____

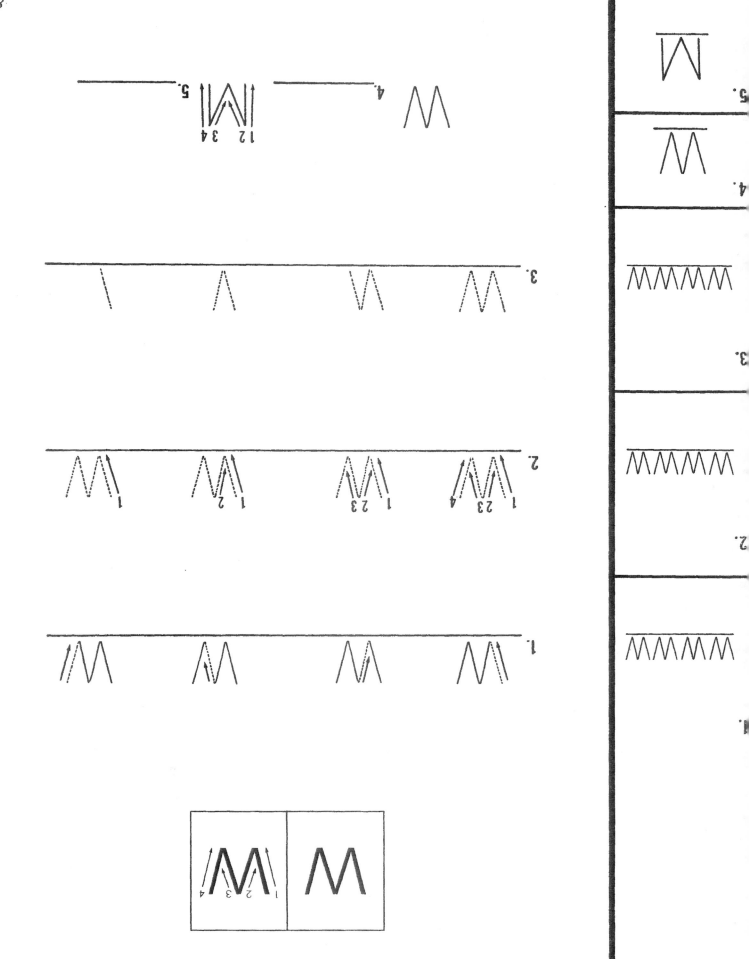

	1.	2.
Ⓒ		
Ⓔ	C G	F E
E	3.	4.
F	F	Γ
B	5.	6.
D	P	I
G	7.	8.
C	G	—

1.

U V (W) X

ABCDEFGHIJKLMNOPQRSTUVWXYZ

2.

M

W

(W)

3.

W

W

4.

WILL

WILL

(WILL)

5.

wet

wet

(wet)

6.

U

V

W

(V)

7.

u

v

w

(W)

HAT

H

h

EFGHI

defghi

HAT

ham

1.

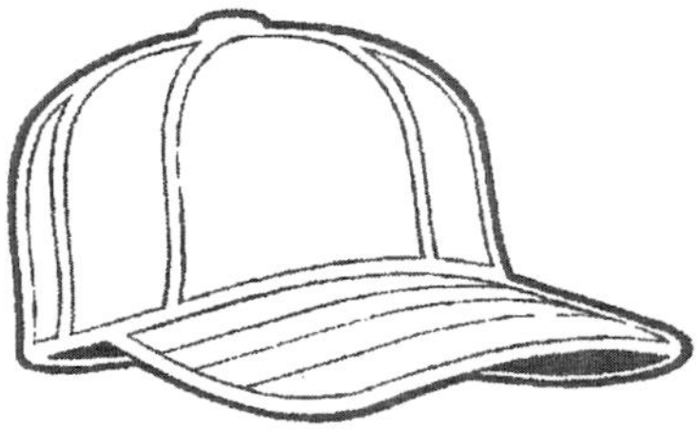

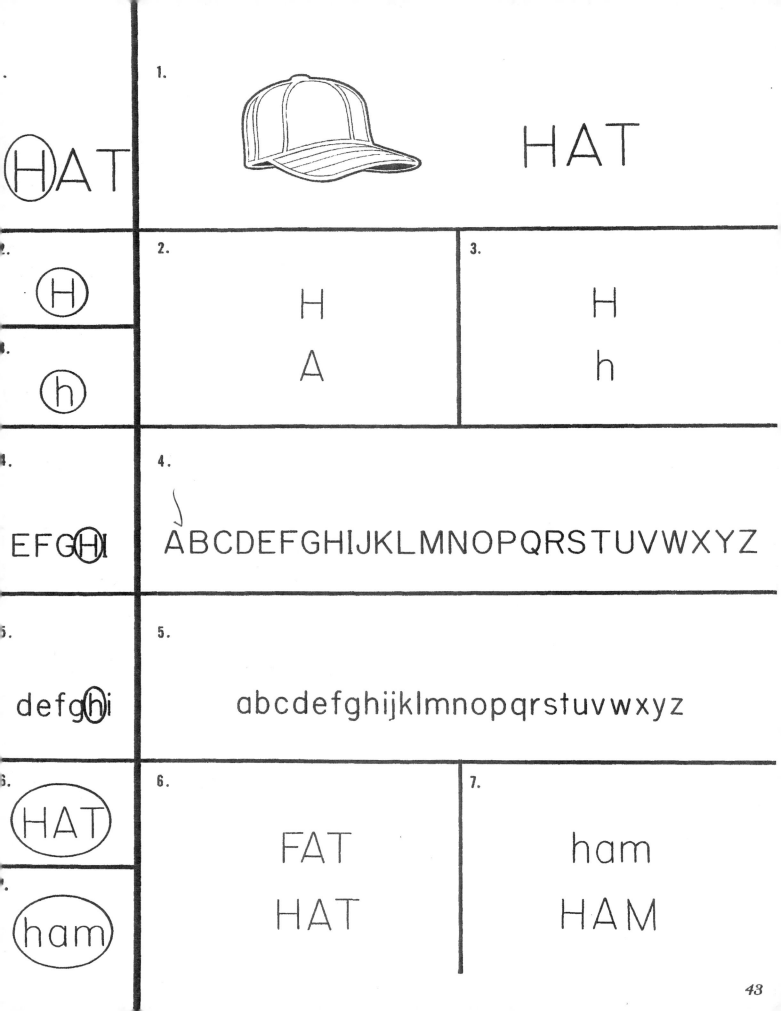

HAT

2.

H

A

3.

H

h

4.

ABCDEFGHIJKLMNOPQRSTUVWXYZ

5.

abcdefghijklmnopqrstuvwxyz

6.

FAT

HAT

7.

ham

HAM

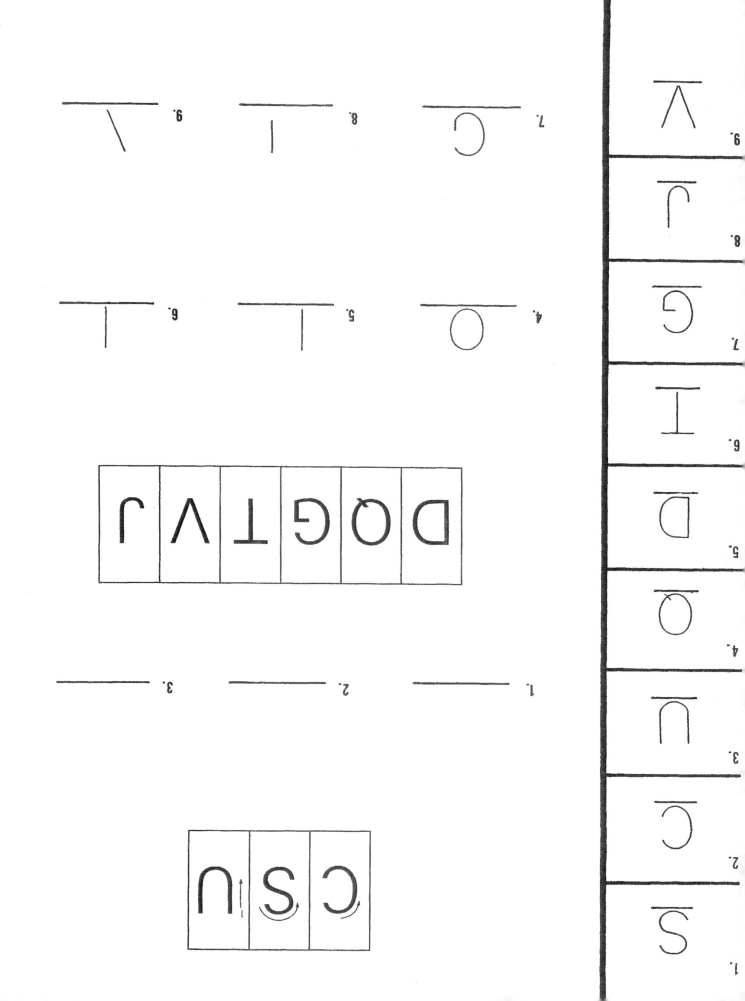

1.

2.

3.

4.

5.

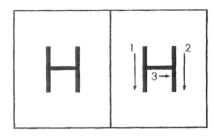

1.

2.

3.

4. _____

5.

44

TU(V)W

ABCDEFGHIJKLMNOPQRSTUVWXYZ

(V)

(V)

VVV

VVV

2.

U

V

3.

V

V

V | V

4. \\V   \\V   \\V

5. \\V   V   \\

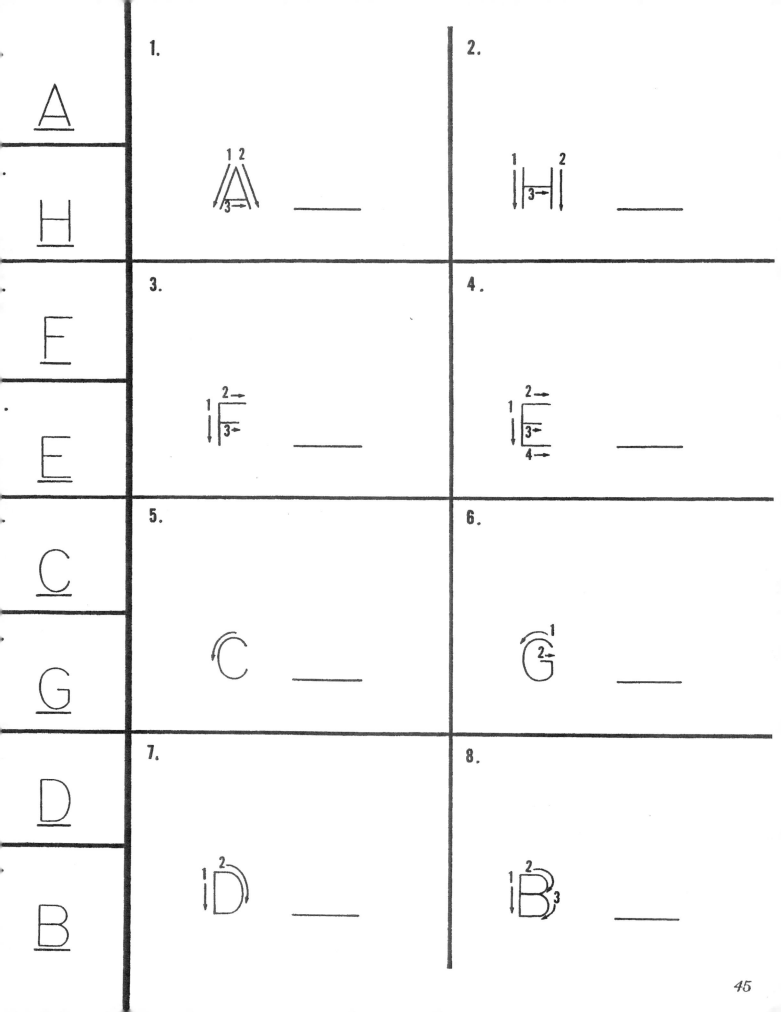

A
H

F
E

C
G

D
B

1.

2.

3.

4.

5.

6.

7.

8.

45

6.

5. U

4.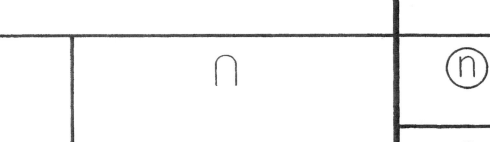

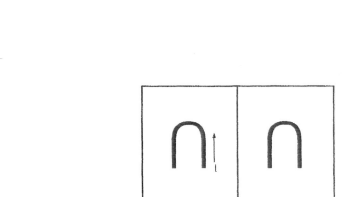

1.

2. C

3. u

U

U

ABCDEFGHIJKLMNOPQRSTUVWXYZ

STUV

INK

1.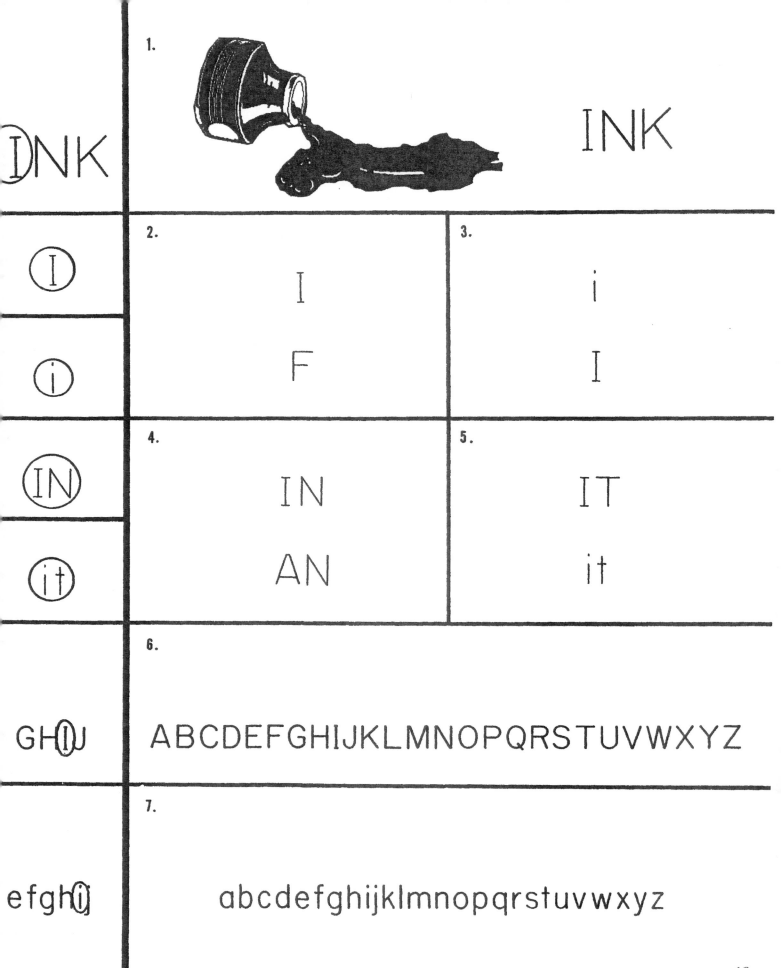

INK

ⓘNK	

2.

I
F

3.

i
I

ⓘ

ⓘ

4.

IN
AN

5.

IT
it

ⒾⓃ

ⓘⓣ

6.

ABCDEFGHIJKLMNOPQRSTUVWXYZ

GHⓘJ

7.

abcdefghijklmnopqrstuvwxyz

efghⓘj

SUB

TAB

PAT

PASS

1. SUB
BUS

2. TAB
LAB

3. TAP
PAT

4. PASS
PAST

F	I	T	L

T

L

F

I

5. __|__

6. __|__

7. __|__

8. __|__

1.

2.

3.

4.

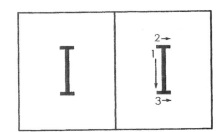

1.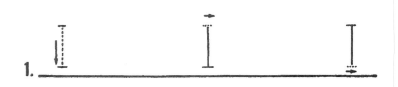

2.

3.

4.

RS(T)U

1.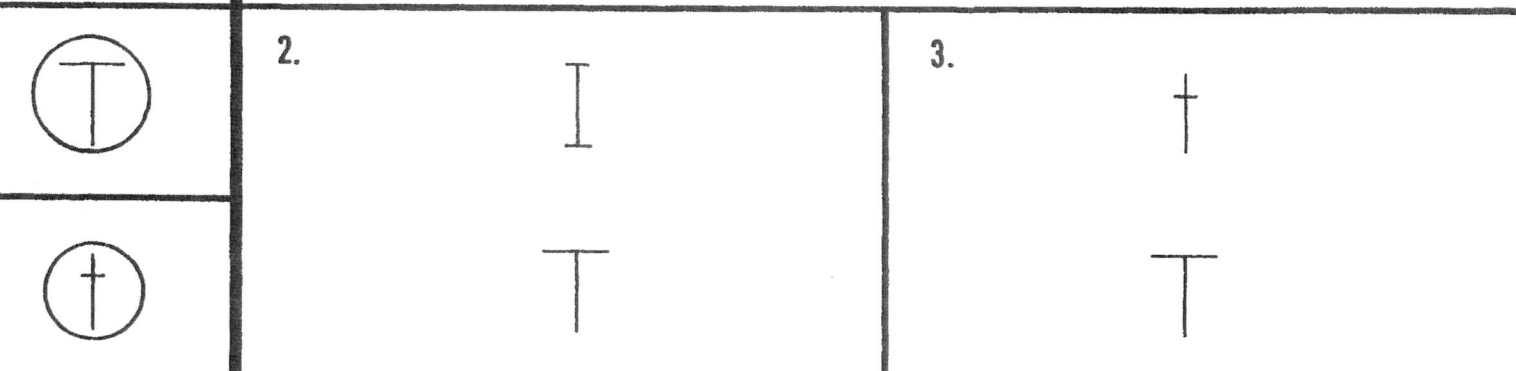

ABCDEFGHIJKLMNOPQRSTUVWXYZ

2.

I

T

3.

†

T

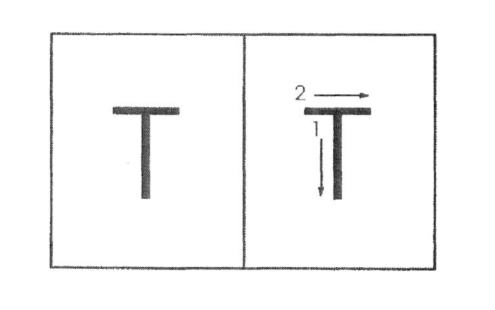

4.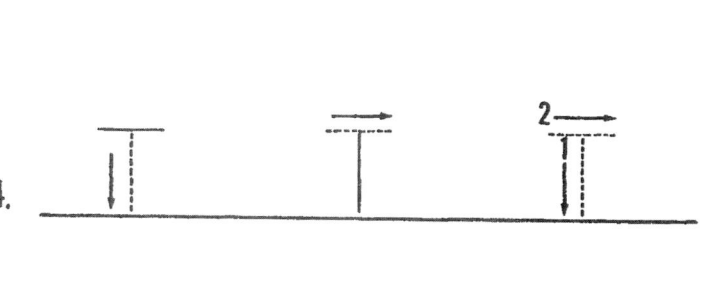

5.

	1.	2.
Ⓘ	I	F
Ⓔ	F	E
Ⓐ	3. H	4. B
Ⓑ	A	E
Ⓒ	5. C	6. B
Ⓓ	G	D
<u>G</u>	7.	8.
<u>H</u>	<u>C</u>	<u>I I</u>

48

81

5. S ___

4. $\overline{S}$ S S C

S | S

3. S S

2. S C

$\overline{S}$

SSSS

Ⓢ

Ⓢ

ABCDEFGHIJKLMNOPQRSTUVWXYZ

QRⓈT

1.

| I | F | E | D | B | A | H | G |

1. I

2. F

3. E

4. D

5. B

6. A

7. H

8. G

1. I

2. I

3. I

4. I

5. B

6. A

7. II

8. G

ABCDEFGHIJKLMNOPQRSTUVWXYZ

ABC

CDE

EFG

GHI

IJK

KLM

MNO

OPQ

1. A __ C

2. C __ E

3. E __ G

4. G __ I

5. I __ K

6. K __ M

7. M __ O

8. O __ Q

JUG

1.

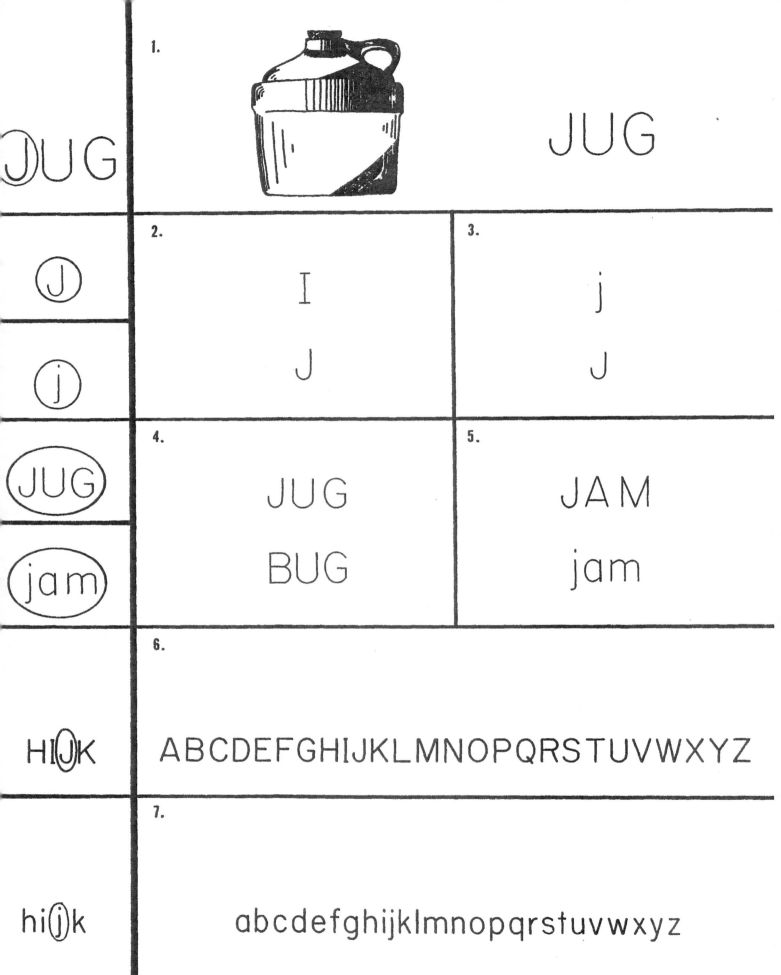

JUG

2.

Ⓙ

ⓙ

I

J

3.

j

J

Ⓙⓤⓖ JUG

ⓙⓐⓜ jam

4.

JUG

BUG

5.

JAM

jam

6.

HIⒿK

ABCDEFGHIJKLMNOPQRSTUVWXYZ

7.

hiⒿk

abcdefghijklmnopqrstuvwxyz

50

1. A	2. B	3. C
4. D	5. E	6. F
7. G	8. H	9. I
10. J	11. K	12. L
13. M	14. N	15. O
16. P	17. Q	18. R

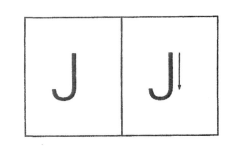

Left column

1.
J J J

2.
J J J

3.
J

4.
I

5.
D

6.
B

Right column

1.  J J J

2. J J I

J **3.** _____   I **4.** _____

D **5.** _____   B **6.** _____

| A | B | C | D | E | F | G | H | I | J |

Ⓒ	
Ⓓ	

1.
C
G

2.
D
B

Ⓘ	
Ⓐ	

3.
I
J

4.
A
Z

Ⓙ	
(ABC)	

5.
H
J

6.
ABC
BAC

(DEF)	
(GHI)	

7.
EFD
DEF

8.
GHI
HIG

AB<u>C</u>D	
EF<u>G</u>H	

9.
AB __ D

10.
EF __ H

A B C D E F G H

1. 2. 3. 4. 5. 6. 7. 8.

A	B	C	D	E	F	G	H	I	J

AB<u>C</u>

BC<u>D</u>

DE<u>F</u>

EF<u>G</u>

GH<u>I</u>

HI<u>J</u>

<u>A</u>

<u>H</u>

1. AB__

2. BC__

3. DE__

4. EF__

5. GH__

6. HI__

7. ____

8. ____

53

K	P	B	R

P

B

R

K

Ⓠ

Q

Ⓝ

H

1.

I

2.

P

3.

P

4.

Y

5.

C

Q

6.

O

7.

N

H

8.

I I

(K)EY

| KEY | 1. 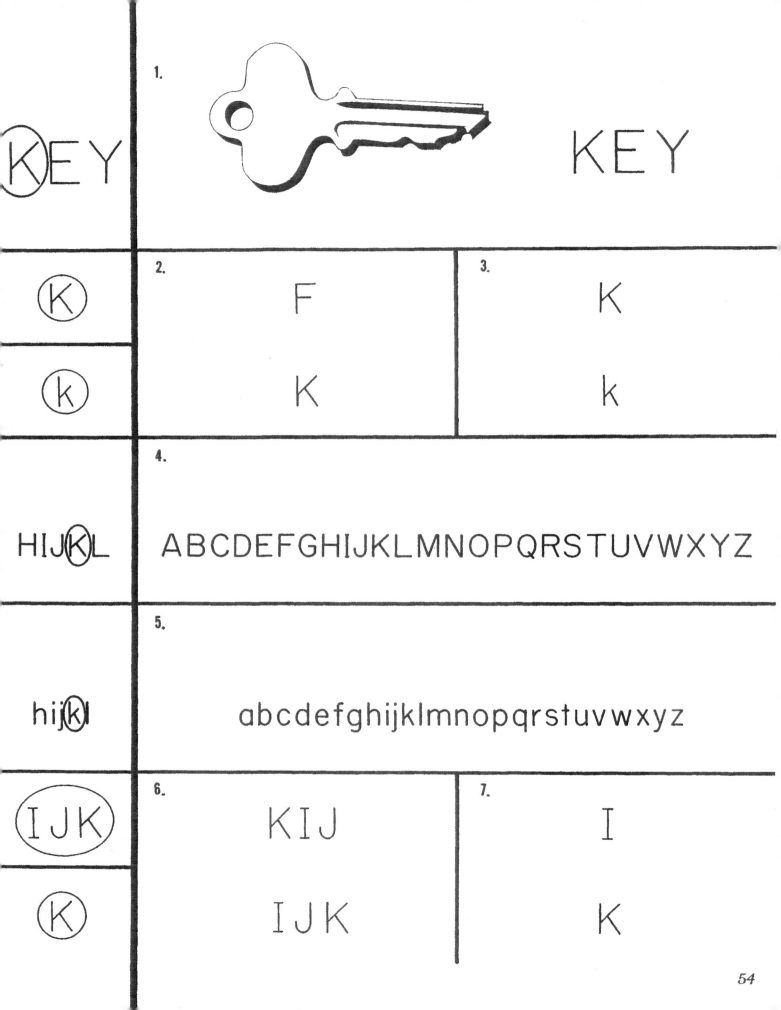 | KEY |

| (K) | 2.   F | 3.   K |
| (k) | K | k |

4.

HIJ(K)L   ABCDEFGHIJKLMNOPQRSTUVWXYZ

5.

hij(k)l   abcdefghijklmnopqrstuvwxyz

6.	7.
(IJK)	KIJ	I
(K)	IJK	K

54

(RAT)	1. PAT RAT	2. BAT BET
(BET)		
(TAR)	3. TAR TAB	4. BANK KALE
(BANK)		
(BAR)	5. TAB BAR	6. LIP PAL
(PAL)		
(QUACK)	7. QUACK BLACK	8. AND END
(AND)		
(FAT)	9. FAT EAT	10. PIN NIP
(PIN)		

1.

KKK

2.

KKK

3.

KKK

4.

K

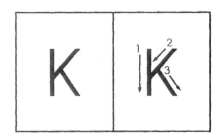

1.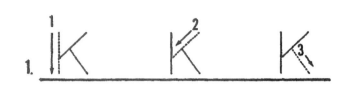

2.

3.

K

4. ___

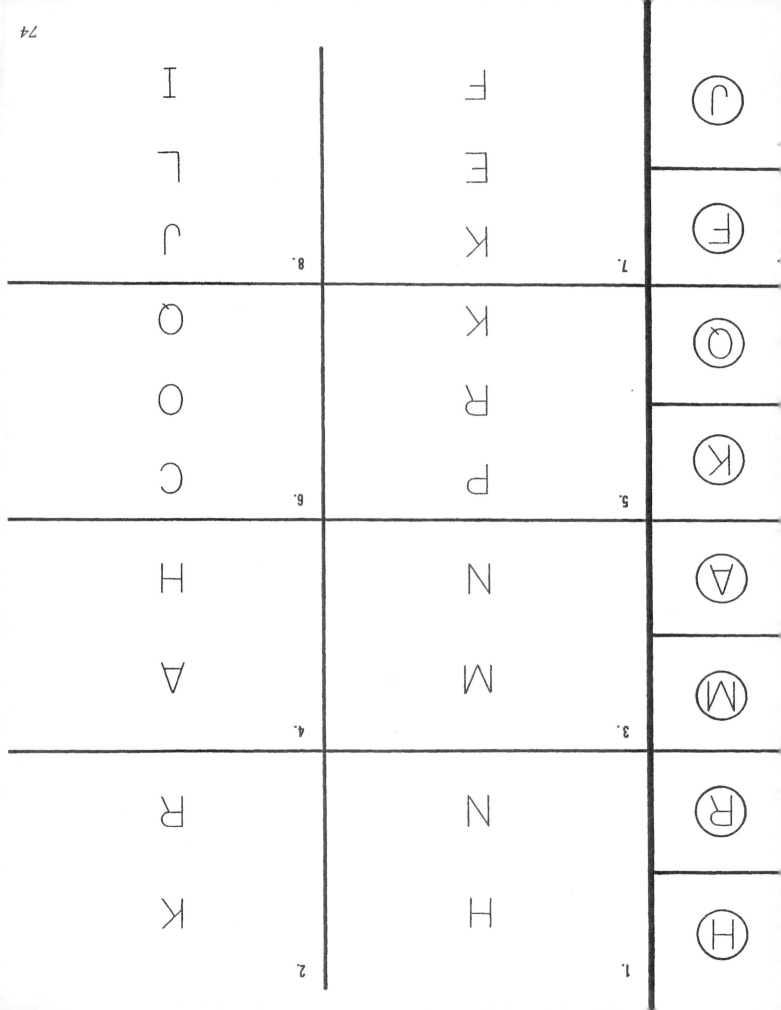

(L)EG

1.

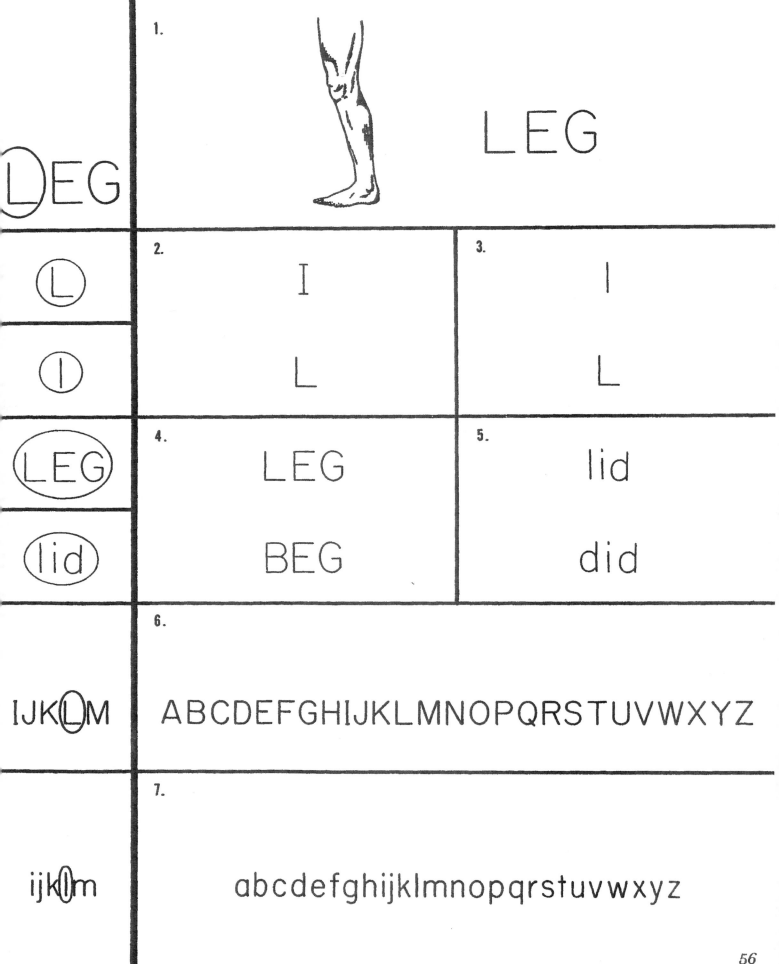

LEG

(L)

2.

I

L

(I)

3.

I

L

(LEG)

4.

LEG

BEG

(lid)

5.

lid

did

6.

IJK(L)M

ABCDEFGHIJKLMNOPQRSTUVWXYZ

7.

ijk(l)m

abcdefghijklmnopqrstuvwxyz

R

1. R R R

2. R R R

3. R R R

4. R

1. R R R

2. R R R

3. R R R

4. R

1.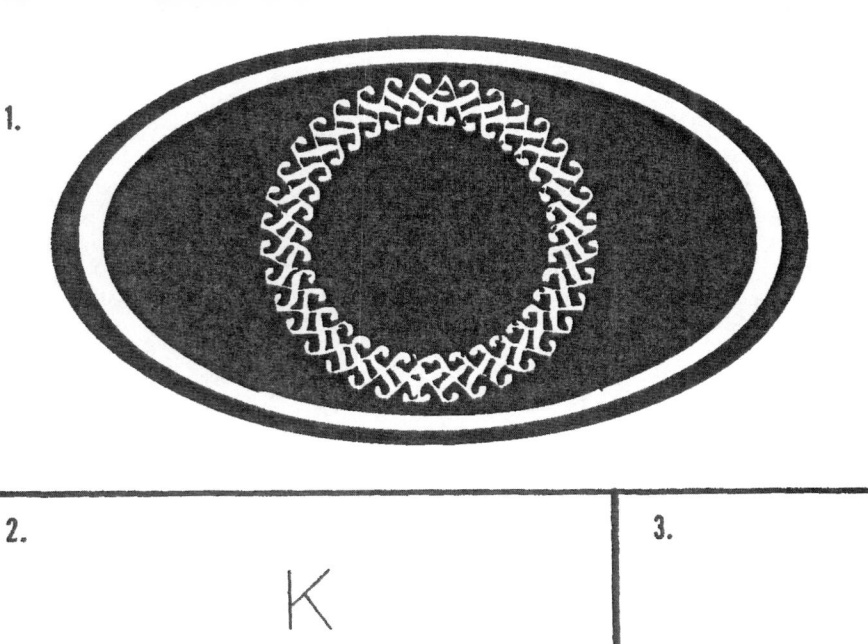

RUG

RUG

ⓇU G	**2.**	**3.**
Ⓡ	K	R
ⓡ	R	r
⟨RAT⟩	**4.** RAT	**5.** run
⟨run⟩	PAT	fun

6.

PQⓇS ABCDEFGHIJKLMNOPQRSTUVWXYZ

7.

pqⓡs abcdefghijklmnopqrstuvwxyz

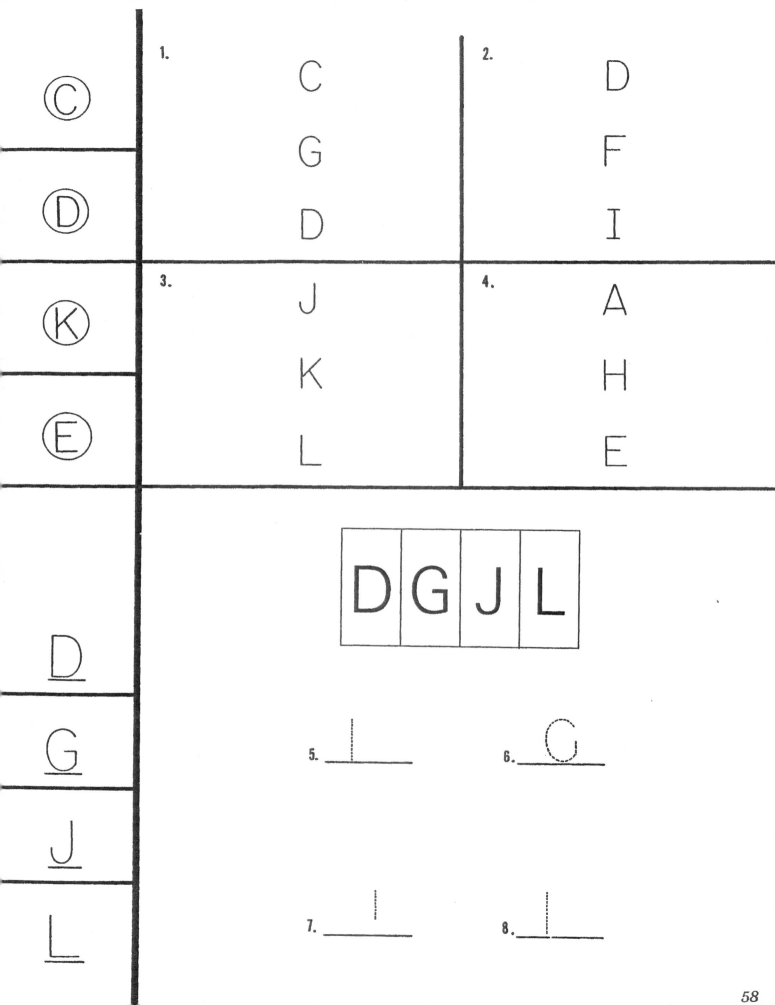

Ⓒ

Ⓓ

Ⓚ

Ⓔ

D

G

J

L

1. C G D

2. D F I

3. J K L

4. A H E

| D | G | J | L |

5. __l__

6. _C_

7. __l__

8. _l_

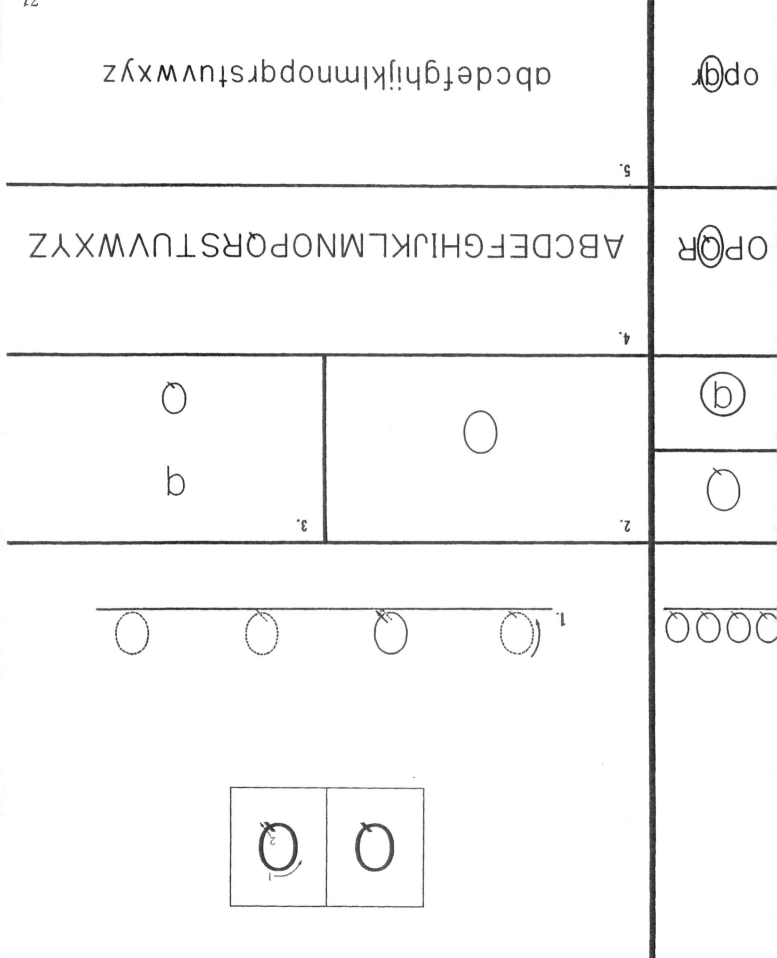

1.

2.

3.

4. ABCDEFGHIJKLMNOPQRSTUVWXYZ

5. abcdefghijklmnopqrstuvwxyz

opqr

OPQR

q

o

opqr

MAN

1.	MAN

2.

M

H

3.

M

m

4.

MAT

mat

5.

MAT

FAT

6.

JKL(M)N

ABCDEFGHIJKLMNOPQRSTUVWXYZ

7.

jkl(m)n

abcdefghijklmnopqrstuvwxyz

(M)AN

(M)

(m)

(mat)

(MAT)

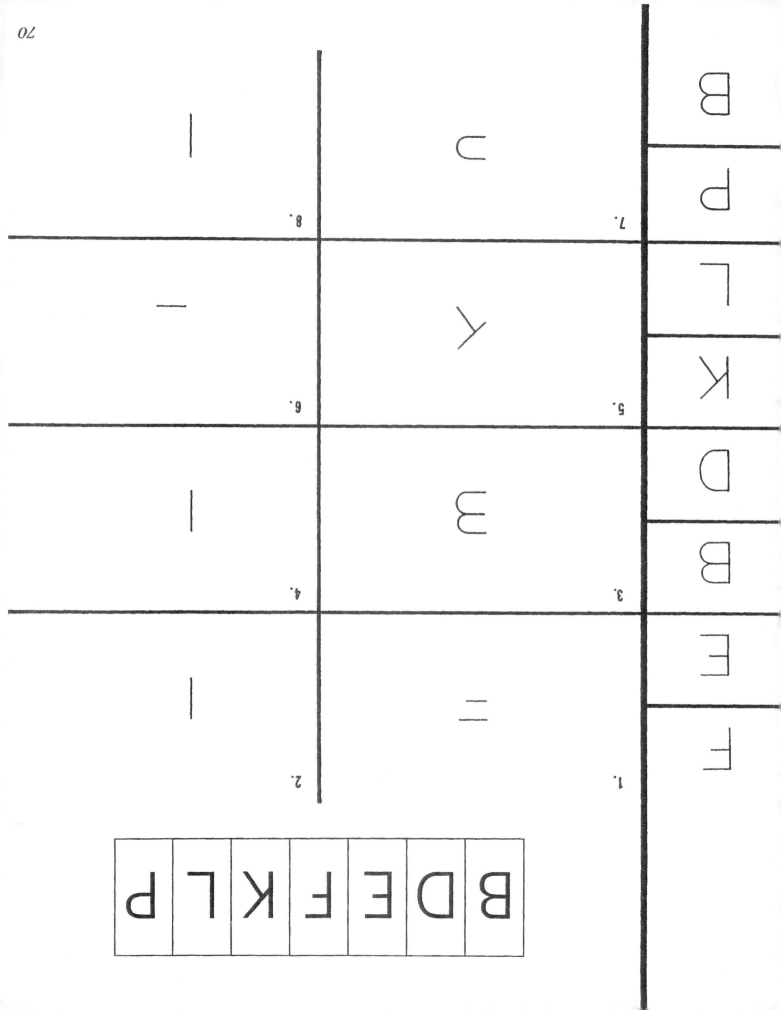

M M

M M M M

M M M M

M M M M

M

1. M M M M

2. M M M M

3. M M M

4. ___

8. N M	**7.** E F
6. C	**5.** ᗡ
4. B K	**3.** C O
2. ᒼ F	**1.** B ᗡ

Ⓝ Ⓕ O B Ⓑ Ⓞ Ⓕ Ⓟ

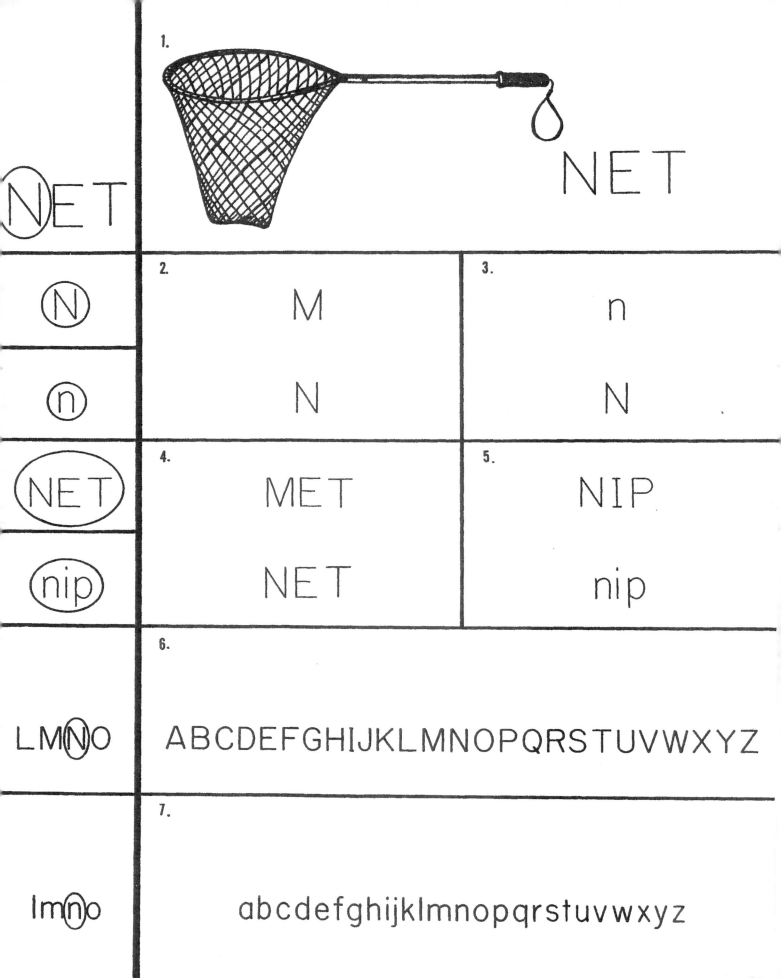

ⓃET

1.
NET

Ⓝ
Ⓝ

2. M
N

3. n
N

(NET)
(nip)

4. MET
NET

5. NIP
nip

6.
LMⓃO

ABCDEFGHIJKLMNOPQRSTUVWXYZ

7.
lmⓝo

abcdefghijklmnopqrstuvwxyz

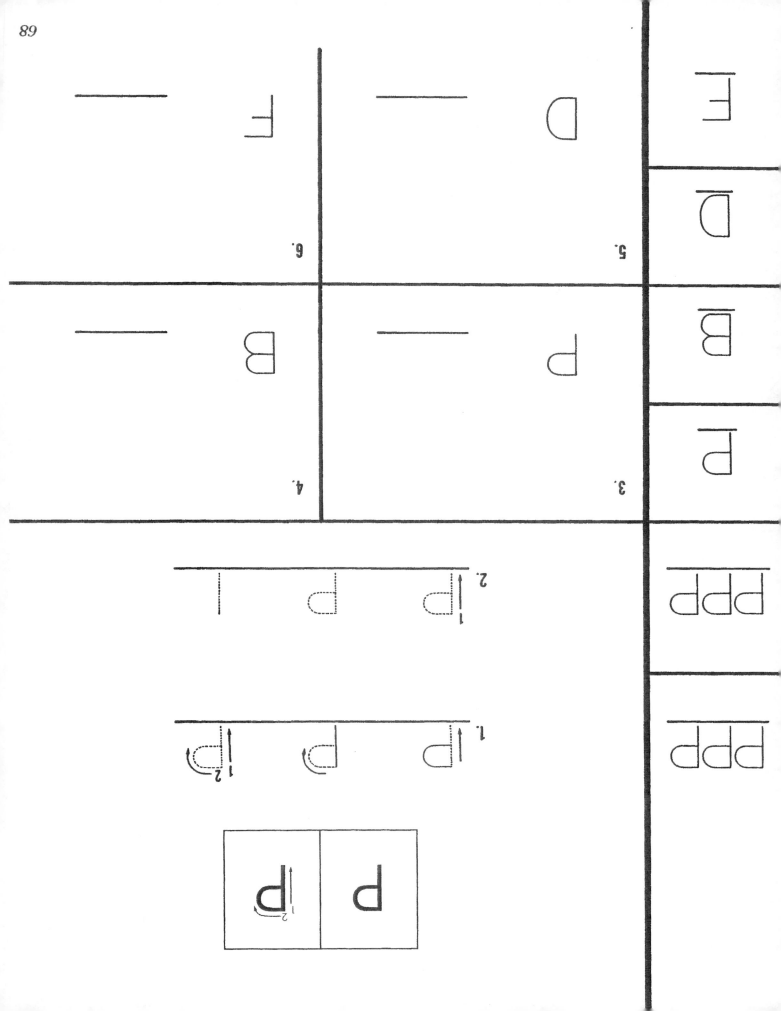

NNN

NNN

NNN

N

1. N N N

2. N N N

3. N N I

N 4. _____

ƎAN

1.

PAN

Ⓟ

p̃

2.

P

B

3.

P

p

(PAN)

(pat)

4.

PAN

MAN

5.

pat

bat

NOⓅQ

6.

ABCDEFGHIJKLMNOPQRSTUVWXYZ

---

noⓅq

7.

abcdefghijklmnopqrstuvwxyz

Ⓜ

M

N

H

A

E

F

I

1.

M

N

2.

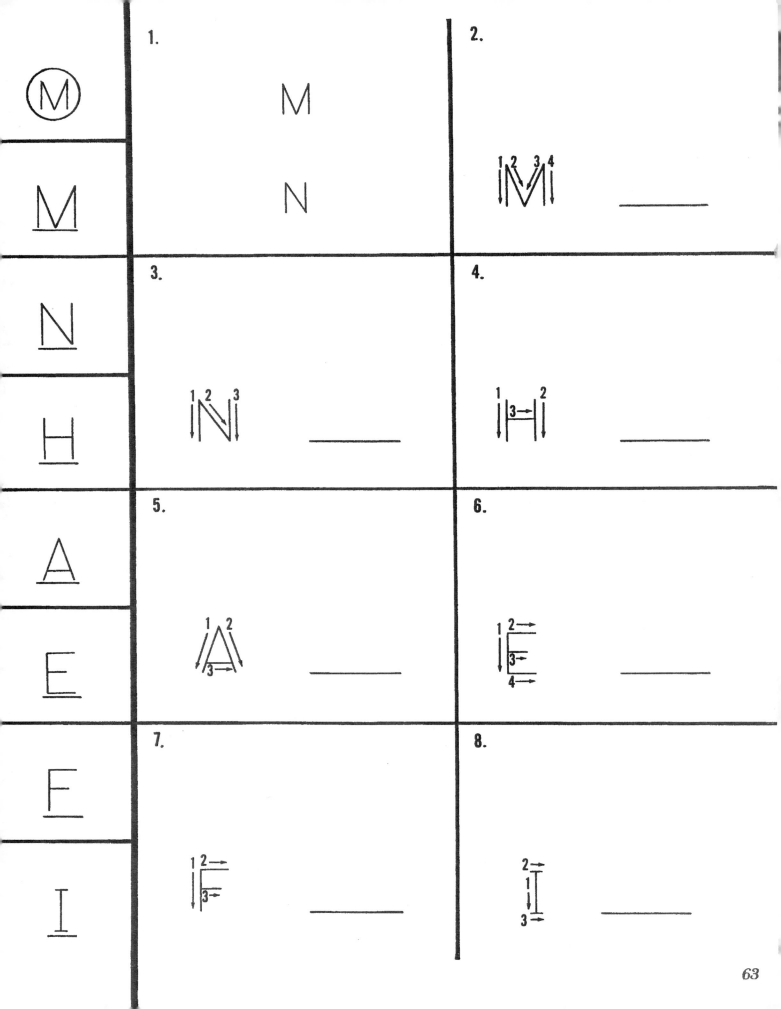 ____

3.

  ____

4.

  ____

5.

  ____

6.

  ____

7.

  ____

8.

  ____

63

OX

1.
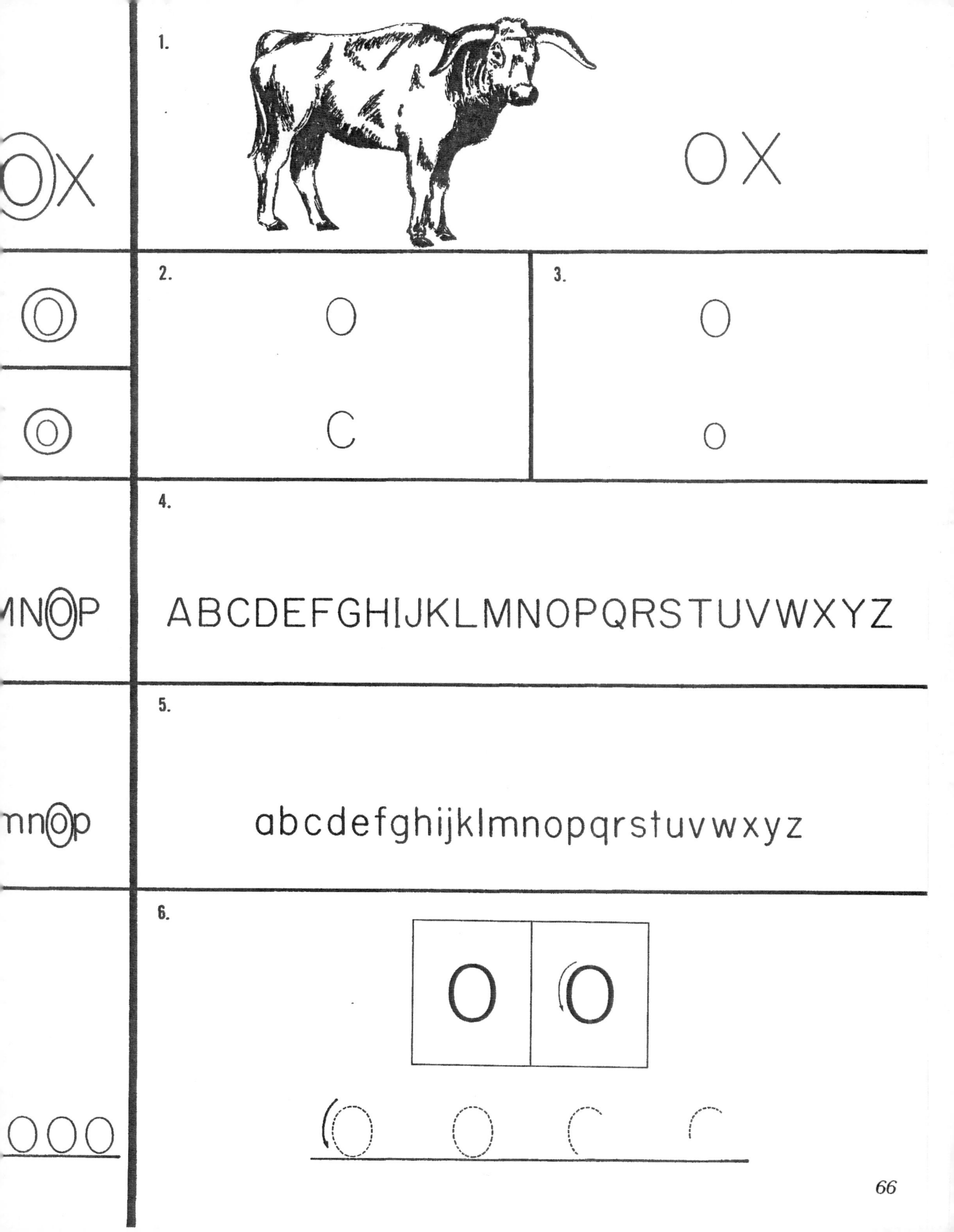

OX

◎

◎

MN◎P

2.
O

C

3.
O

○

4.
ABCDEFGHIJKLMNOPQRSTUVWXYZ

5.
abcdefghijklmnopqrstuvwxyz

mn◎p

6.
O O

OOO

(O   ( )   ( )   ( )

TEST 1

A	F	H	N

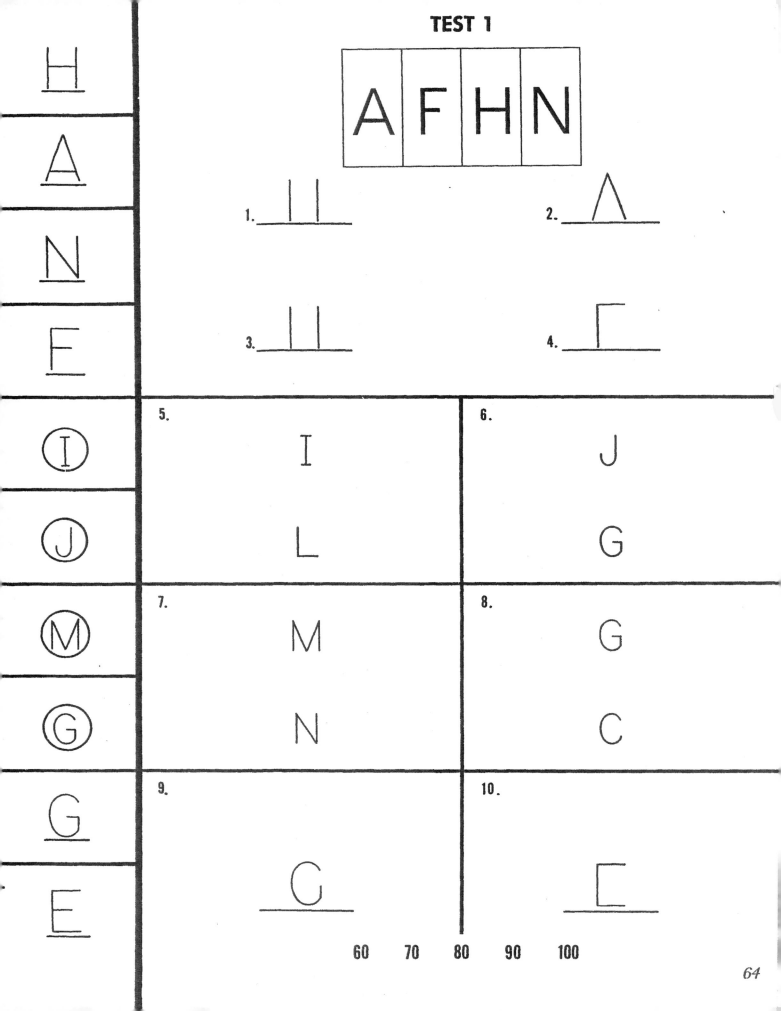

H

A

N

F

1. ⊥⊥

2. ∧

3. ⊥⊥

4. Γ

I

J

5.
I
L

6.
J
G

M

G

7.
M
N

8.
G
C

G

E

9.
G

10.
Γ

60   70   80   90   100

64

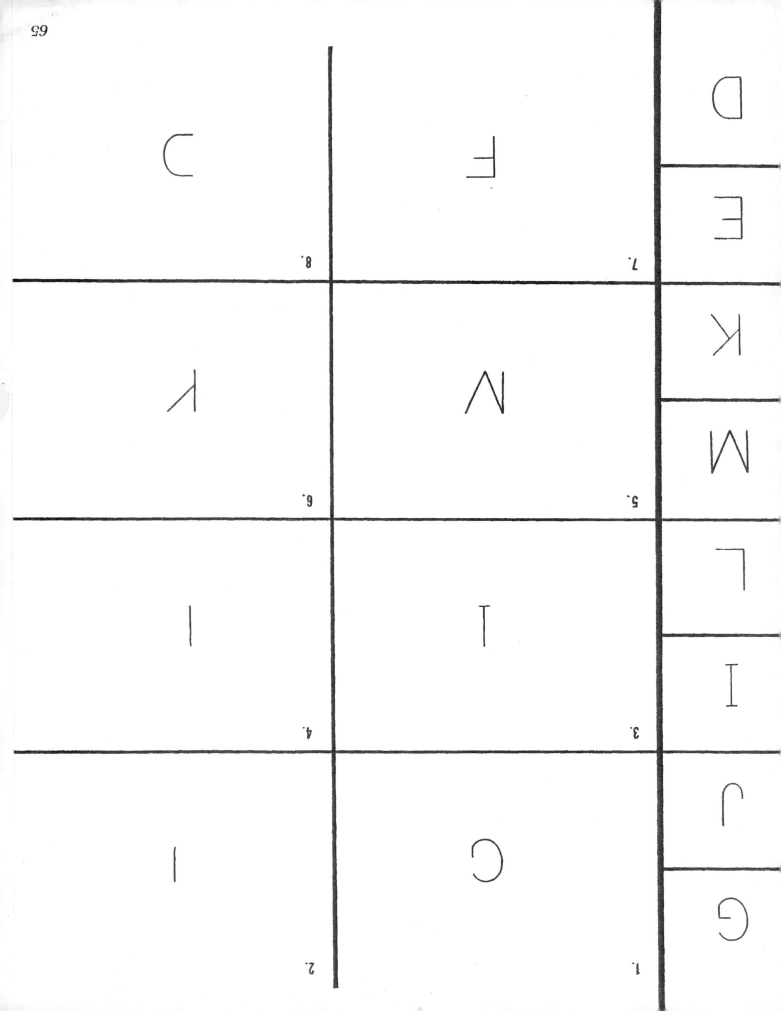